岩 波 文 庫
33-563-1

『パンチ』素描集

——19 世紀のロンドン——

松 村 昌 家 編

JN263401

N° 1.]
FOR THE WEEK ENDING JULY 17, 1841.
[PRICE THREEPENCE.
PUNCH
OR
THE LONDON
CHARIVARI
LONDON:
PUBLISHED FOR THE PROPRIETORS, BY R. BRYANT,
AT PUNCH'S OFFICE, WELLINGTON STREET, STRAND.
AND SOLD BY ALL BOOKSELLERS.

『パンチ』創刊号表紙

はじめに

イギリスの政治や社会の諸現象を、鋭く的確に描き出した風刺週刊誌として知られる『パンチ』が創刊されたのは、今から一五〇年余り前の一八四一年七月一七日のことであった。ヴィクトリア女王の時代になってから四年目、そして産業革命後の多難な一〇年間のうねりが始まったばかりの頃であった。『パンチ』がヴィクトリア朝の歴史とほとんど歩みをともにしながら、その時代の成り立ちを直視し続けていたことに、まず注意を向けておきたい。

『パンチ』といえば、えてして漫画専門の週刊誌と思われがちだが、実際は必ずしもそうではない。創刊当時は、むしろ記事のほうが主体をなしていたし、その後においても、文章の重要性は依然として持続していたということを、銘記しておく必要がある。

とはいってももちろん、巻が進むにつれて絵のほうが、『パンチ』の本命となったといういきさつを重視しないわけにはいかない。ジョン・リーチ、リチャード・ドイル、ジョン・テニエル等々といった気鋭の画家たちが続々と登場して、比類のない独特の「パンチ画」をもって、時局を風刺して人気を博するようになるのである。とりわけ一八四三年七月以降、一ページ大の風刺画が「カートゥーン」という新しい名称のもとで評判になったということとも相まって、

『パンチ』は風刺漫画雑誌としての性格を深めていったのである。

本書末尾の「『パンチ』三〇年の歩み」でも述べたように、『パンチ』が誕生するまでには、かなりの紆余曲折があり、その成長と体質形成の過程も決して平坦ではなかった。が、創刊後およそ三〇年間の歩みによって、『パンチ』はゆるぎのない基盤を築き上げるのに成功し、風刺雑誌としての名実を誇り得るようになった。あたかも一世代三〇年の区切りを象徴するかのように、初代編集長マーク・レモン(一八〇九―七〇)が一八七〇年に死亡し、世代交替の節目が画されることになる。

加えて『パンチ』創刊時から一八六〇年代の終わりまでの三〇年間は、ヴィクトリア朝の中でも最も動きの激しい時期であった。この変動期に対する、若くて血気さかんな『パンチ』の反応ぶりも、また激烈であった。そして活気に満ちた、多彩な活動が展開されたのである。本書のねらいはまさに、このような多彩な『パンチ』の内容から、ヴィクトリア朝激動期の動きを巧みにとらえた、あるいはそれらに関して証言となるような記念碑的風刺画や記事を探り出すことである。

概括的にいうと、ここにいう三〇年間は、飢餓の一八四〇年代、世界最初の万国博覧会開催によって繁栄のアドバルーンがあげられた一八五〇年代、そして物質的繁栄と政治的調和が謳歌されるなかで、中流階級が余暇《レジャー》と流行を享受するようになる一八六〇年代ということになる。

『パンチ』初代編集長＝マーク・レモン

が、世界にさきがけて工業化の時代をつくり出したイギリスの社会は、そういった表層からはとうてい見えない深い暗部を抱え、進歩に伴うさまざまな矛盾や難問に直面していた。

それらの暗部や矛盾、難問こそ、『パンチ』の狙いどころだったのである。『パンチ』は常に深い関心と鋭い批評眼とをもって、国政から社会の裏面、服装の流行の変遷に至るまで、あらゆる時事問題の核心をとらえ、それらのディテールを的確に、真実味豊かに描き出すのを得意とした。『パンチ』が一介のジャーナリズムの域を超えて普遍性をもち、ヴィクトリア朝の政治的・社会的情報に関する生きた百科全書的役割を果たしているといわれるのは、そのためである。また『パンチ』がヴィクトリア朝随一の知的マルティメディアとして、当時の中流階級を中心とした読者層の共感をひきつけることができたのも、その風刺が真実を衝いた迫力のあるものであったからである。

本書を編纂するに当たっては、前記三〇年間の『パンチ』の内容に即して、ヴィクトリア朝の時代的特色を代表し得るような八種のテーマを設定し、テーマごとに原則として一〇葉程度の絵を収録することにした。それぞれのテーマに関しては、代表的なカートゥーンを冒頭に掲げて解題的なイントロダクションをつけた。そして収録した図版に関してはすべて所載『パンチ』誌の巻数、ページ数ならびに発行年月日を併記し、付随するキャプション、説明文《リジェンド》、あるいは関連記事を全訳ないしは抄訳するとともに、必要に応じて参考となるような説明を補足した。日本における『パンチ』の紹介に一役買うことができれば幸いである。そして、このささやかな『パンチ』アンソロジーが、ヴィクトリア朝の歴史や文学の研究と理解に多少なりとも資するところがあれば、編者にとってそれにまさる喜びはない。

イギリス人の間でも、『パンチ』の読み取りは難解なことで定評がある。いろいろと手こずりながらも、私なりに最善をつくして理解に努めたつもりであるが、とんでもない読み違い、勘違いを犯したところがままあるかもしれない。忌憚のないご批判ご叱正を仰ぎたい。

本書執筆の示唆をいただいた当初から、執筆の過程をへて最後に至るまで、岩波書店編集部の平田賢一氏に大変お世話になった。記して深い感謝の意を表するしだいである。

松村昌家

目　次

一　飢餓の一八四〇年代

Nº 5.

LABOUR.

CART

CAPITAL

資

『パンチ』が創刊されたとき、誕生後四年目のヴィクトリア時代は、「貧困」という最大の社会的難問題に直面していた。一八四〇年から四一年にかけて、イギリスは全国的な凶作に見舞われ、いわゆる「飢餓の四〇年代《ハングリー・フォーティーズ》」が始まっていたのである。加えて産業革命のあおりで、ロンドンその他の都市は、異常な速度で人口が増大した。結果として、貧富の階級差が「二つの国民」の様相を呈するようになりつつあったのである。

「二つの国民」という言葉が一八四五年にあらわれたというのも、偶然ではない。政治家としても有名なベンジャミン・ディズレイリーの小説『シビル』(一八四五)の副題として用いられて以来、この言葉は一般化するようになったのだが、作中にそれが具体的に出てくるのは、第二編第五章である。登場人物の一人(社会主義者のスティヴン・モーリー)が次のように言う。

「〔ヴィクトリア〕女王は二つの国民を治めているのです。……これら二つの国民の間には交渉もなければ共感もない……全く別々の地域に住んでいる人、いや別々の惑星の住人といったほうがよい。育てられ方や体つきが違う、食べ物も違う、生活を支配する風習も違う。そして同じ法律で治められているのでもないのです。」

『シビル』の刊行年より二年前の『パンチ』第五巻(四九ページ。一八四三・七・二九)に、「カートゥーンNo.5」として描かれた「資本と労働」(一四—一五ページ)は、まさにここにいう「二つの国民」のありようを象徴するような風刺画である。『パンチ』は、独特の痛烈な口調で、この絵の内容を次のように解説している。

「労働者が犬のように四つんばいになって働かなければならない」鉱山では、惨事が茶飯事となっているが、一方鉱山がたくさんの贅沢品を産み出す源になっているというのは、聞いて悪い気がしない。鉱山労働に雇われている牛馬なみの人夫たちによってなされる、ある種の地下作業についての描写があまりにひどいので、世間の人たちは大変なショックを受けたようだ。だが『パンチ』の画家は、これら下等の人間たちの労働から生まれる見事な成果、あの上流社会の優雅さをご披露することにより、不快な印象を与えないように努めた。問題の作業は徹頭徹尾地下で行なわれていて、絶対に公の目にさらされてはならないのだ。それらの作業は、本来白日のもとで行なわれる性質のものではない。であるから、それだけを取りたてて描き表そうとするのは、間違いである。そこから生まれてくる安楽な貴族生活の心地よい絵と並べて描かれてこそ鉱山労働は、最近の一部の不穏当な作家たちがその労働と関連づけようとして書いたものとは、全く異なった様相を呈するようになるに違いないのである。

救貧法の「情けの乳」（第四巻四七ページ。一八四三・一・二八）

左の絵は「パンチズ・ペンシリング」（一ページ大の戯画。二四六ページ参照）No.62としてケニー・メドーズによって描かれたものである。絵の左側のページ全体にわたって、″Q″――すなわちダグラス・ジェロルドによる同じ表題の記事が掲載されている。その表題――'The "Milk" of Poor-Law "Kindness"'は、シェイクスピアの『マクベス』第一幕第五場の"The milk of human kindness"（人情という乳＝やさしい思いやり）をもじったもの。

描かれているのは救貧院《ワークハウス》の内部。運営委員会のもとで雇われている老婆が、院内に収容されている憐れな母親の腕から乳飲み児をひったくろうとしている。″Q″の文章は、

ベスナル＝グリーン（貧民居住地として名高いイースト・エンドの一区域――編者）の地方税納付者たちが、最近集会を開いたときに、出席者の一人が現場を確かに見たという証言とともに、次のようなことを話した。――「生まれて僅か五週間しかたたない赤ん坊が、母親と引き離されていて、時おり乳（救貧院の情けの乳！）を飲ませるためにだけつれ戻されることになっている。」

で始まり、母親の愛情を無視した救貧院の育児制度に対する辛辣な風刺が続く。そして「同情」という言葉とさえ無縁になった救貧法の苛酷さに対し、次のような皮肉をぶちまけることによって、″Q″の文章は締めくくられる。

PUNCH'S PENCILLINGS. — No. LXII.

THE "MILK" OF POOR-LAW "KINDNESS."

救貧法の「情けの乳」

救貧法というきれいな機械の力により、また、あの手この手のありとあらゆる社会的手段を利用して、貧乏人が完全に無用の長物であることを例示し——そもそも貧乏人がこの世に生まれてくること自体が、目上の人たちに対する罪悪であることを実証して見せても、なお当の貧乏人は、寛容をもってこの地上に生存することを許されているのだとは思わずに、純然たる生存の権利があると思っているのである。なんとも甚だしい恥ずべき、民衆の無知……のあらわれではないか。加えて、貧乏人は、「同情！」などという、無意味な言葉を口にする。「同情！」おお、救貧法制定の諸賢よ、下司はなんというたわごとを言うのでしょうか？

一八三四年に新救貧法が制定されてからは、救貧院の門をくぐるのは、あたかも地獄の門をくぐるのにひとしかったといわれる。食糧削減による苛酷さこの上ない締めつけ政策がとられていたからである。絵に描かれた、床にころがっている空の食器は、この点から見て、極めて効果的である。慢性的飢餓の状態を、見事に物語っているように思えるのである。

狩猟法《ゲイム・ロウ》――または兎のための百姓の生贄《いけにえ》（第七巻一九六ページ。一八四四・一一・二）

一九世紀イギリスの田舎の貧乏人にとって救貧院が前門の虎であったとするならば、後門の狼に相当するのが狩猟法であった。とりわけ一八二九年に導入された「夜間密猟法」の適用は厳しく、一八四四年には、これを犯した者に対して七年間の禁固刑が科せられるようになった。

この絵は、兎の密猟の嫌疑で捕えられた百姓が、治安判事から「狩猟法に照らして」刑を言い渡されているところを描いている。まさに一匹の兎よりも人間の命が軽視されているのだ。左の背景には救貧院《ユニオン》と、救貧院入りを余儀なくされた二組の家族の姿が見える。

THE GAME LAWS;
OR, THE SACRIFICE OF THE PEASANT TO THE HARE.

狩 猟 法

シャツの歌（第五巻二六〇ページ。一八四三・一二・一六）

『パンチ』一八四三年クリスマス号に「シャツの歌」があらわれた。作者はトマス・フッド（一七九九—一八四五）。夫の事故死にあい、二人の幼児を抱えて、苛酷な針仕事でこき使われるビデルという名の女の身の上に同情して書かれた詩である。フッドはすでに三つの新聞から断わられたあと、これを「採択するも紙くずにするもご随意に」という意味の文面とともに、『パンチ』編集長マーク・レモンのところへ送った。レモンは、スタッフの大多数の反対を押しきってこれを掲載、そのおかげで『パンチ』の売れ行きは三倍に上昇、フッドも不朽の名を残すことになった。以下、全一一連を訳出する。

疲れきって荒れた指先で、
　寝不足の赤いまぶたの
一人の女が坐り、女らしくないボロの身なりで、
　せっせと針を動かし針仕事——
　　ひと針！　ふた針！　またひと針！
貧乏と飢えとよごれのなかで、
　いつも哀しい調子の歌ごえで

260　PUNCH, OR THE LONDON CHARIVARI.

THE SONG OF THE SHIRT.

WITH fingers weary and worn,
With eyelids heavy and red,
A Woman sat, in unwomanly rags,
Plying her needle and thread—
Stitch ! stitch ! stitch !
In poverty, hunger, and dirt,
And still with a voice of dolorous pitch
She sang the "Song of the Shirt !"

"Work ! work ! work !
While the cock is crowing aloof !
And work—work—work,
Till the stars shine through the roof !
It 's O ! to be a slave
Along with the barbarous Turk,
Where woman has never a soul to save,
If this is Christian work !

"Work—work—work
Till the brain begins to swim ;
Work—work—work
Till the eyes are heavy and dim !
Seam, and gusset, and band,
Band, and gusset, and seam,
Till over the buttons I fall asleep,
And sew them on in a dream !

"O ! Men, with Sisters dear !
O ! Men ! with Mothers and Wives !
It is not linen you 're wearing out,
But human creatures' lives !
Stitch—stitch—stitch,
In poverty, hunger, and dirt,
Sewing at once, with a double thread,
A Shroud as well as a Shirt.

"But why do I talk of Death ?
That Phantom of grisly bone,
I hardly fear his terrible shape,
It seems so like my own—
It seems so like my own,
Because of the fasts I keep,
Oh ! God ! that bread should be so dear,
And flesh and blood so cheap !

"Work—work—work !
My labour never flags ;
And what are its wages ? A bed of straw,
A crust of bread—and rags.
That shatter'd roof—and this naked floor—
A table—a broken chair—
And a wall so blank, my shadow I thank
For sometimes falling there !

"Work—work—work !
From weary chime to chime,
Work—work—work—
As prisoners work for crime !
Band, and gusset, and seam,
Seam, and gusset, and band,
Till the heart is sick, and the brain benumb'd,
As well as the weary hand.

"Work—work—work,
In the dull December light,
And work—work—work,
When the weather is warm and bright—
While underneath the eaves
The brooding swallows cling
As if to show me their sunny backs
And twit me with the spring.

"Oh ! but to breathe the breath
Of the cowslip and primrose sweet—
With the sky above my head,
And the grass beneath my feet,
For only one short hour
To feel as I used to feel,
Before I knew the woes of want
And the walk that costs a meal !

"Oh but for one short hour !
A respite however brief !
No blessed leisure for Love or Hope,
But only time for Grief !
A little weeping would ease my heart,
But in their briny bed
My tears must stop, for every drop
Hinders needle and thread !

With fingers weary and worn,
With eyelids heavy and red,
A Woman sate in unwomanly rags,
Plying her needle and thread—
Stitch ! stitch ! stitch !
In poverty, hunger, and dirt,
And still with a voice of dolorous pitch,
Would that its tone could reach the Rich !
She sang this "Song of the Shirt !"

シャツの歌

女は歌った「シャツの歌！」を

「働いて——働いて——働いて！
遠くで雄どりが鳴くときも、
働いて——働いて——働いて、
星の光が破れた屋根から見えるまで！
これがキリスト教徒の仕事なら、
女の魂が救われようのない、
むごいトルコ族とともにいて、
ああ、奴隷になると同じこと！

「働いて——働いて——働いて
ついには頭がふらつき出し、
働いて——働いて——働いて
ついには目が重くかすんでくる！
縫い目と、おくみと、細い帯《バンド》と、

バンドと、おくみと、縫い目と、
　ついにわたしはボタンのところでねてしまい、
　夢でも休まずそれらをとりつける！

「ああ！　かわいい姉妹をもつ方たち！
　ああ！　母や妻のある方たち！
あなた方がボロにするのは肌着ではなく、
　人という名の生き物の命です！
　　ひと針――ふた針――またひと針、
　貧乏と飢えとよごれのなかで、
二重の糸で縫っているのは、
　シャツであり、また同時に経かたびら。

「でも何故わたしは死を語る！
　あのぞっとする骸骨の死神の
おぞましい姿がこわくはないが、

それがわたしにそっくりなのは――
それがわたしにそっくりなのは、
わたしの飢餓生活のゆえ、
ああ！　神さま！　パンがあんなにも高く、
人の血肉がこんなにも安いとは！

「働いて――働いて――働いて！
休みなく私の仕事はつづく、
で、実入りのほどは？　わらのベッドに、
ひと固まりのパン――そしてボロ着。
あの破れた屋根と――この裸のゆか、
一個のテーブルに――こわれた椅子――
壁はまるでむき出し、せめてわたしの影が
ときどきそこに映るのがありがたい！

「働いて――働いて――働いて！

鐘が鳴り、また次の鐘が鳴るまで、
働いて――働いて――働いて――
囚人が罪のために働くように！
バンド、おくみ、それから縫い目、
縫い目、おくみ、そしてまたバンド、
そのうち胸が苦しく、頭がにぶり、
疲れた手もにぶくなる。

「働いて――働いて――働いて
十二月にはにぶい明りのなかで、
また働いて――働いて――働いて、
暖く明るい季節がくれば、
軒下に巣をつくるつばめたち
巣につきよりそいながら
ぴかぴかの背中を見せびらかせて
春とともにわたしをあざけるよう。

「ああ！　あの高い空の下で
青草を踏みしめながら、
カウスリップやさくら草の甘い香りを
　ほんの一息吸えたなら――
貧困の悲哀を知らず
　食い上げの心配もせず歩きまわれた
あの頃に感じた気持を
　ほんのひとときき味わえたら！

「ああ、ほんのひとときの！
たとえ束《つか》のまの息抜きでも！
恋や希望のための幸せなゆとりではなく、
　ただ悲しむためのひとときが！
少し泣けば心もなごみそう、
　でもまぶたの奥に

涙をせきとめなくては、涙の滴は
　針の運びの邪魔になる！

疲れきって荒れた指先で、
　寝不足の赤いまぶたの
一人の女が坐り、女らしくないボロの身なりで、
　せっせと針を動かし針仕事——
　ひと針！　ふた針！　またひと針！
貧乏と飢えとよごれのなかで、
　いつも哀しい調子の歌ごえで
女は歌った「シャツの歌！」を

針子《ニードル》の賃金《マネー》（第一七巻二四一ページ。一八四九・一二・二二）

一八四九年のクリスマス直前の『パンチ』に掲載されたジョン・リーチの絵だが、前掲「シャツの歌」の挿絵として考えても、少しも不自然ではない。左の「小遣い銭《ピン・マネー》」と対《つい》をなし、両者のコントラストによって、針子の生活の惨めさがいちだんと際立つ。

『パンチ』の創刊と深く関わったヘンリー・メイヒューは、一八四九年九月から約一年三か月にわたって、『モーニング・クロニクル』紙に、「ロンドンの労働とロンドンの貧困者たち」に関する探訪調査結果を、書簡形式で連載して注目をあびた。その中には、ロンドンのイースト・エンドとウェスト・エンドの、対照的な両地域における安物既製服仕立《スロップ・トレード》の針子の境遇に関する詳細な調査結果（一八四九年一二月一四日付の書簡）が含まれているが、『パンチ』に描かれた「針子の賃金」は、このことと密接な関係がありそうだ。

同じ『パンチ』誌上に掲載されている「安物仕立屋にご用心」（二三八ページ）という題の関連記事は、まずメイヒューの「労働と貧困者たち」シリーズにふれて、「金銭の暴君的むごさ、貧困の辛さ」の実情を、最も「あざやかに」かつ「有益に」描き出したメイヒューの力量に絶大な賛辞を送っている。そして続いて、前記一二月一四日付の『モーニング・クロニクル』書簡に言及しながら、その数か所からの引用を行なっているのである。

NEEDLE MONEY.

針子の賃金

PIN MONEY.

小遣い銭

本当にどうにもならない状態（第一一巻八九ページ。一八四六・八・二六）

ヴィクトリア女王は一八四〇年二月にドイツからいとこに当たるアルバートを迎えて結婚、翌年に生まれたエドワード王子（のちのエドワード七世）を筆頭に、四六年までに五人の子宝に恵まれた。以下はこのような事情で、「住宅難」に陥った王室からの救済の訴えである。

「善良なる国民の皆さん、どうか私たちにご同情を。……本当にどうにもならない状態なのです。二組の心地よい奥の部屋と、それに加えて子どもたちと奉公人たちのための見苦しくない寝室ができたら、どんなにかありがたいことでしょう。当方は何分にも手もと不如意の上に、家族がふえる一方で、正直に言って何をどうしてよいのか判らない状態です。総額一五万ポンドさえあれば、今の私たちの住居に必要な対策を講じるのに間に合うことと思います。どうか善良な国民の皆さん、皆さんの浄財でこの少額の費用を集めて下さいますように。そして皆さんの生活の中で、このような些細なことのために困ることのないように。」

『パンチ』は、この絵の前面左端に、それこそ「どうにもならない状態の」浮浪児《ストリート・アラブ》を配して、右側の王子王女たちとの対照を皮肉っている。

A CASE OF REAL DISTRESS.

"Good People, pray take compassion upon us. It is now nearly seven years since we have either of us known the blessing of a Comfortable Residence. If you do not believe us, good people, come and see where we live, at Buckingham Palace, and you will be satisfied that there is no deception in our story. Such is our Distress, that we should be truly grateful for the blessing of a comfortable two-pair back, with commonly decent Sleeping Rooms for our Children and Domestics. With our slender means, and an Increasing Family, we declare to you that we do not know what to do. The sum of One Hundred and Fifty Thousand Pounds will be all that will be required to make the needful alterations in our dwelling. Do, good people, bestow your Charity to this little amount, and may you never live to feel the want of so small a trifle."

本当にどうにもならない状態

プリンス・アルバートの蜜蜂の巣（第七巻九一ページ、一八四四・八・二四）

一八四四年に、何事につけて器用で実験好きなアルバート殿下は、王宮のウィンザー城内にたくさんの蜜蜂の巣箱を備えつけた。『パンチ』に登場して間もないリチャード・ドイルは、さっそくこれを材料にして、ここに見るようなカートゥーンを考え出した。一見して分かるように、蜜蜂の巣の中でせっせと「蜜」をつくっているのは、イギリスの労働者という名の働き蜂の群である。

このカートゥーンに添えられた「プリンス・アルバートの蜜蜂」と題する解説によると――

プリンス・アルバートの蜜蜂の巣は……実に巧妙にできていて、内側の働き蜂の群（この蜂どもがまた稀代の珍種で、見たところ英国の職工や技師とそっくりの姿をしている）の苦心して作った蜜が、手際よく抜き取られる仕組みになっている。……われわれの理解するところによれば、これらの蜜蜂の巣は、皇太子の教育のために取っておきのものとなるということである。そろそろ物心づき始めた皇太子さまは、ここから一点も疑う余地のない、健全な政治的・社会的教訓を学ばれ、そしてそれをしっかり尊重してゆかれるものと、われわれは確信するものである。

PRINCE ALBERT'S BEE-HIVES.

"These Hives are so constructed, that the HONEY may be removed without DESTROYING THE BEES."—*Morning Paper*

プリンス・アルバートの蜜蜂の巣

実体と影（第五巻二三ページ。一八四三・七・一五）

一八四三年七月に、建設中の新国会議事堂（正式の名称はウェストミンスター宮殿）のための壁画下絵《カートゥーン》展示会が開かれた。壮大な題材を扱った応募作品が続々と寄せられたのを目のあたりに見た『パンチ』は、さっそく一作をもって、そのありさまを皮肉った。それがジョン・リーチによって「カートゥーン№1」として描かれた「実体と影」である。この題材を選んだのは、実はマーク・レモンで、リーチの絵は次のような彼の文章に則ってかかれたものである。

大臣諸氏は慎重な考えに基づき、飢餓状態の貧者たちに彼らの渇望する実体を与えることができないから、せめて影を恵んでやることを決定した。貧乏人たちはパンを求めている。慈善心に富む政府はそれにこたえた。——ただし、展示をもって。

画面は、政府の「好意」によって定められた「入場無料」の日に、下絵の展示場に押し寄せた、見るからに貧しい人びとの群をあらわす。「実体」を与えられる代わりに「影」を施されて、結構ありがたがって手なずけられている善良な衆生である。

展示会に出品された下絵を風刺して描かれた『パンチ』のカートゥーン・シリーズは、第六号まで続く。このシリーズがきっかけとなって、本来は壁画などの下絵を意味したカートゥーンは風刺画を意味するようになった。

CARTOON, Nº 1.

SUBSTANCE AND SHADOW.

実体と影

貧乏人の友（第八巻九三ページ。一八四五・二・二二）

ディケンズの『鐘の音』（一八四四）に、「貧乏人の友」であり、「貧乏人の父親」であることを売り物にする国会議員サー・ジョゼフ・ボウリーが登場する。しかし本当は、それは彼が貧乏人たちを手なずけ、あるいは威圧するためのうたい文句にすぎないのである。『パンチ』の「貧乏人の友」は、おそらくこれを踏まえて出てきたものであろう。「貧乏人の友」として「死」が描かれているのはもちろん、一八四〇年代のイギリスに、本当の意味での「貧乏人の友」は存在しないという『パンチ』の政治不信、社会批判のあらわれである。

THE POOR MAN'S FRIEND.

貧乏人の友

二　鉄道マニアとバブル

GERNAUT OF 1845.

ガノート

1845年の鉄

一八四〇年代は鉄道発達の時代でもあった。

一八三〇年にリヴァープールとマンチェスターを結ぶ鉄道が開通してから約一〇年間は、鉄道の拡張に対してまだまだ警戒心が伴っていたが、一八四〇年を過ぎると様子が一変する。便利さはもちろんのこと、安全さもしだいに確認されてきたからである。一八四二年六月には、ヴィクトリア女王自らが、パディントンからウィンザーまでを汽車で往復するようになる。そして以後は女王が鉄道で旅をするのも珍しいことではなくなった。

ジャック・シモンズの『英国の鉄道』(マクミラン、一九八七)によれば、一八四五年一一月には、六〇〇路線の鉄道開設が、五万六三〇〇ポンドの予算で進められる一方、さらに六〇〇件の申請計画が進められていたということである。そして一八四五年から四八年までに開かれた三回の通常国会では、六五〇件にのぼる鉄道法案が通過して、一八四四年度末までに認可されていた三〇〇〇マイルに加えて、さらに約九〇〇〇マイルに及ぶ鉄道の敷設が認可された。いわゆる鉄道マニア時代の到来で、世はしだいに鉄道投機熱に浮かれ始めるようになる。

利害の絡んだ会社同士がしのぎを削って競争し合うなかで、一八四四年に二つの対立会社を合併して、ミッドランド鉄道会社が設立された。イギリスの鉄道史上、初の重要な合併事業として注目されるが、その推進の主役をつとめたのが、ジョージ・ハドソン(一八〇〇―七一)である。彼はこの大事業を成し遂げたあと、事実上イギリス鉄道界の覇権を握ることになった。すなわち、このときから一八四九年、株式の不正取引によって失墜するまでの間に、ノッティンガム、レスター、ダービーの中部三州を独占圏内に収め、北部および東部の主要な鉄道経路のほとんどを財政的に統轄して、広大かつ強力な鉄道王国をつくり上げたのである。『パンチ』は、このような流れを反映して、一八四五年から鉄道関係の戯画や風刺記事で活気づくようになる。

その最初の最も代表的な例が、ここに掲げた「一八四五年の鉄道ジャガノート」(第九巻四七ページ。一八四五・七・二六)だ。

ジャガノートとはヒンズー教における三大神格の一つ、ヴィシュヌの第八化身であるクリシュナに対する呼び名で、インド東部のプリ市では毎年の例祭に、この偶像を巨大な山車《だし》に乗せて市中を引きまわす習わしがある。山車には直径七フィートの車輪が一六個ついていて、これにひき殺されると極楽往生ができるという迷信から、進んでその前に身を投げ出し、車輪の下敷きになる狂信者が多かったということである。

『パンチ』の代表的画家ジョン・リーチはこの伝説を、鉄道に当てはめて、汽車に対する当時の人びとの驚異と熱狂とを描きあらわした(四三―四四ページ)。機関車体には「投機」という文字が写っている。いかにも象徴的な礼拝と恐怖の図である。

鉄道の親切度（第八巻一〇一ページ。一八四五・三・一）

一目で分かるように、一等車から三等車までの乗客に対する鉄道関係者の「親切度」を描いた漫画だが、鉄道発達の歴史の一端を顧るためにこれを取り上げることにした。まずは解説文の一部を紹介しよう。

〔同一人物であっても、何等車に乗るかによって、扱われ方がまるで異なる。〕まず一等車に乗るとなると、駅員からすばやい気くばりを受け、プラットフォームの警官からはおじぎと、微笑さえ送られる。そして車掌が帽子に手をやってあいさつするのも、まず間違いあるまい。……二等車の乗客となると、警官からは「やあ《ナウ》、やあ《サー》」、車掌からは「さあ、とび乗って！」である。それが三等車の乗客ともなると、車内に入れてやるのに都合のよいときがくるまで待て、と言わんばかりに警官のもっている棒で胸を突つかれるのは必定。……どうやら車両の等級によって、親切度に関する一定の規則が定められていて、係員たちは鉄道の信号と同様に、それらを順守するしきたりになっているのである。

因みに、最初の頃の三等車は無蓋であった。一八四四年に乗客の保護を旨とした法案が成立、一日に一回は三等車を走らせ、制限時速を一二マイルとすることなどが定められた。

FIRST CLASS POLITENESS.

1等車客向けの礼儀

SECOND CLASS POLITENESS.

2等車客向けの礼儀

THIRD CLASS POLITENESS.

3等車客向けの礼儀

鉄道王ハドソンの謁見(第九巻二三四ページ。一八四五・一一・二九)

鉄道王の謁見というよりは、旧約聖書「出エジプト記」第三二章に述べられている「金の小牛」の鋳造の前にひれ伏すイスラエルの人びとを連想させる絵である。

これは、ディケンズの『リトル・ドリット』(一八五五―五七)に描かれているミスター・マードルの「謁見の儀式」(第一部第二一章)とも重なる。というのも、超大物実力者として「社会」に君臨するマードルが、ハドソンをモデルにして描かれた人物にほかならないからだが、この場面におけるディケンズの言葉を借りて言えば、鉄道王ハドソンの前にひれ伏す面々は、「宮中のお歴々、シティのお歴々、下院のお歴々、上院のお歴々、裁判官のお歴々、弁護士のお歴々、国教会のお歴々、大蔵省のお歴々、近衛騎兵連隊のお歴々、海軍のお歴々――大英帝国を動かしている、そして時どきつまずかせるお歴々」である。

では、なぜこれら錚々《そうそう》たるお歴々がハドソン邸に伺候するのか。言うまでもなく、鉄道株の儲《もう》けにあやかるためである。ある資料によると、一八四〇年二月に、一株につき二一シリングの配当金支払いとなっていたのが、一年後には三五シリング、一八四三年には、五〇シリングにまではね上がっていた。ハドソンは、無謀な配当金の吊り上げによって、バブルをどんどんふくらませ続けたのである。

KING HUDSON'S LEVEE.

鉄道王ハドソンの謁見

ジョン・ブルの機関車式脚（第九巻二〇二ページ。一八四五・一一・八）

ジョン・ブルというのは、イギリス国民のあだ名である。おいしい肉を食べ、暖い毛糸の服を着て、いつも紙入れいっぱいに金をつめこんでいるのが自慢であった一人のジョン・ブルが、「もうひと儲けして羽振りをきかそう」と思い立ったのが、相場師のうまい話に乗せられるもととなる。以下は俗謡《バラッド》風に語られているこの男の投機顚末《てんまつ》記である。

ジョンが言うには、「今の話が気にいった、
三パーセントにはもう飽き飽きのうんざりだ、
みみっちい地代と家賃じゃ物足りない。」
そこで彼は鉄道「関係社員」にひっかかった。
　リ、トゥラ、ルーラル。

この大うそつきの賭博師連、どうやら
まぬけどもをカモとねらってたようす、
彼らは蒸気の力で知恵を働かし、
ジョンを術策の中へころがりこませた！

ジョン・ブルの機関車式脚

　　リ、トゥラ、ルーラル。

彼らが言うには、富への一番の早道は、
蒸気の力で先へ先へと急ぐこと。
この手でジョンはすっかりカモにされ、
とうとう彼らの網にひっかかった。
　　リ、トゥラ、ルーラル。

そこで彼らは彼を乗物《ホービー》に仕立て、
強い蒸気動力で先へと駆り立てた、
今や正気をすべて奪われて
愚かなジョンは、彼らのなすがまま。
　　リ、トゥラ、ルーラル。

しかも彼を走らせるに先だって、彼らは
驚異の技と巧みな手くだを使って、

重量を軽くへらすべく、ジョンの後生大事なあり金を一文残らず吐き出させた。
リ、トゥラ、ルーラル。

スタッグズ——本日の演し物《だ》（第九巻一〇四ページ。一八四五・八・三〇）

スタッグというのは本来雄鹿を意味する語だが、一八四五年から数年間、鉄道株の相場師、あるいは投機家をあらわす語として流行した。ここにあげたのは、その最初の例として、注目に値する。作者はサッカレー。

表題にいう「本日の演し物」の「登場人物《ドラマテイス・ペルソーニ》」は、と見ると、一人は「トム・スタッグ」という名の「引退した指ぬき手品師《シンブル・リガー》」（これにはペテン師の意味がある）、そしてもう一人は「ジム・スタッグ」という名の「落ち目の呼売り商人」である。場面はトム・スタッグがジム・スタッグに鉄道株式加盟申込者名儀欄に、「氏名」、「住所」、「職業」、「照会先」を記入させているところだが、記載されているのは、もちろんすべてが嘘八百のでたらめである。住所の“Bucks”もやはりスタッグと同様に「雄鹿」の意味であるから、作者が文字どおり「スタッグ」づくしをねらっているのは明らかである。職業欄の記載はそれぞれ少将、バス勲爵士、スコットランドあざみ勲爵士を意味する。

「照会先」欄に、当時の英国陸軍総司令官ウェリントン公と、宰相のロバート・ピールの名が書き込まれているのは、先の「鉄道王ハドソンの謁見」で見たように、国家の最高権威の彼らとて、鉄道株の景気と無関係でないことに対する辛辣な皮肉であろう。もう一つ見逃してならないのは、氏名欄に書き込まれている「ウェルズリー」が、ウェリントン公の本名（彼のフ

THE STAGS. A DRAMA OF TO-DAY.

DRAMATIS PERSONÆ.

TOM STAG, *a Retired Thimblerigger.*
JIM STAG, *an Unfortunate Costermonger.*

(TOM *dictates to* JIM).

NAME IN FULL	*"Victor Wellesley Delancey."*
RESIDENCE	*"Stagglands, Bucks."*
PROFESSION	*"Major-General, K.C.B., K.T.S., K.S.W."*
REFERENCE	*"His Grace the Duke of Wellington. "Sir Robert Peel. Coutts and Co."*

"That'll do. Now, MARY, a wafer: and, JIM, I don't mind standing a pint of alf and alf!"

スタッグズ——本日の演し物

ル・ネームは、アーサー・ウェルズリー）だということだ。

株式ころがしで儲けを当てこんでいる二人の演じる「演劇」は、トムのせりふ「よし、それで上出来、さあ、封をして。ところでジム、儲けは半分半分《あんぶんあんぶん》の山分けということでいいよ！」によって、締めくくられている。

一八四五年一〇月二五日号の『パンチ』（第九巻一八八ページ）には、「今日の演劇」と密接に関わる興味深い記事が載っている。

スタッギング界の皆さんへ

ナタン商会より仲間ならびに一般の方々にお知らせ申し上げます。当商会はこの度株式取引所の向い側に広々とした店舗を開設し、二種以上の身分に扮して鉄道の仮株券に名義を書き込む計画の殿方のために、信頼を引きつけるのに打ってつけの衣裳を各種取り揃えて、安いお値段で貸し出すことに致しました。

値段表

	ポンド	シリング	ペンス
主教服。エプロン、帽子、黒絹法衣、バックル一式……	一	一	〇
低教会教区牧師。黒タイツ、短ゲートルその他、必要に応じふくらはぎパット……	〇	一五	〇
ピュージ主義聖職者。長い黒色のシングル上衣、細カラー……	〇	一〇	六
旧式狩猟家の銀行家。青色上衣、真鍮ボタン、黄色チョッキ、暗褐色ズボンまたは短ズボン……	〇	一五	〇
時計くさり及び証印束追加の場合……	〇	五	〇
ウェスト・エンドのハイカラ紳士。モーニングコート、ビロードのウェスト、汽車旅行用ズボン……	〇	一五	〇
同紳士向けモザイク式宝石……	〇	五	〇
田舎紳士、寡婦、バス勲爵士、ならびに裕福な商人等に関してはお申し込み次第短時間にて完全仕上。一件につき……	〇	一〇	〇

キャペル・コートをねり歩く「**雄鹿**《スタッグ》」(第九巻一七二ページ。一八四五・一〇・一八)

キャペル・コートは、本来は一六世紀に当地に住んでいたキャペル家の名に因んでつけられた地名だが、絵に見るように株式取引所《ストック・エクスチェンジ》に通ずる路地であったことから、ほとんどその同義語となっていた。雄鹿の角の生えた相場師《スタッグ》たちが往き来するところへ、不正を許さないミスター・パンチが猟銃を向けている。パンチ氏の鹿狩りの図である。

"STAG" STALKING IN CAPEL COURT.

キャペル・コートをねり歩く「雄鹿」

シティの雌鹿《ドウ》（第九巻一九一ページ。一八四五・一一・一）

「拝啓パンチ殿――

「昨日グレイト・ディドランド株券に署名をするため雄鹿《スタッグ》小路を歩いておりましたところ、今まで見たこともないような美しい小型ブルーム（二頭立四輪箱馬車――編者）が一台角街《ホーン・ストリート》まで来て停まったかと思うと――得も言われぬ一人の美人が馬車から降りてきました。その様子にあたりの投機家《スタッギング・ジェンツ》連は目を見張って驚いていましたが、かく言う私も思わず立ち止まって、ふり返って見ざるを得ませんでした。

驚いたことに、この若い美人は私の傍を足どり軽く通り抜け、ディドランド営業所へと入って行くではありませんか。そして、全所員が愛想笑いを浮かべながら群がり寄ってくるなかで、彼女は世にも珍しい冷静な態度で証書に署名をするのです。彼女の肩ごしにのぞき込むと、次のように書いてあるのが見えました。

氏名	住所	職業	勤務先	株数	合計
キャサリン・ローリマー	メイフェア、カーゾン街	独身		100	£2000

「彼女がその白魚のような指先で封緘紙をおさえながら、ぞくぞくさせるような声で、「証拠のための正式の証書をここに交付します」と言うのを聞いたとき、なんと私の胸は高鳴っ

A DOE IN THE CITY.

"DEAR MR. PUNCH,—　　　　　"*Holborn Hill, Settling-day, Oct.* 30, 1845.

"As I was going down Stagg Alley yesterday, to sign the Great Didland deed, I saw the prettiest little Brougham in the world pull up at Horn Street—and the sweetest little love of a figure you ever saw, step out of the vehicle. Her appearance created quite a sensation among the stagging gents, and caused even *me* to pause and look round.

"Greatly to my surprise, this lovely young lady tripped by me, walked into the Didland Office, where up comes all the clerks crowding and grinning about her, and signed the deed with the greatest coolness in the world; I peeped over her shoulder, and saw her write—

Name in Full.	Place of Residence.	Profession.	Place of Business, if any.	No. of Shares.	Sum.
KATHERINE LORIMER.	Curzon St., Mayfair.	Spinster.	—	100	£2000

シティの雌鹿

たことでしょう。

「私はここに、彼女の本当の名前を書きはしませんでした。けれども、もし彼女が、緑色の上着に小さな青色サテンの襟巻をした、薄赤褐色の髪と頰ひげの、ダイヤモンド・ピンに褐色の傘をもった一人の紳士にお気づきで、来週日曜日に馬車でハイド・パークをドライヴなさるならば、アキレスの銅像のところで同じ姿の男性を見かけるに違いありません。正真正銘やましいところのない、廉直な心の持主であります。

「何卒この書信を、広範囲にわたる読者層をもつ貴誌(私も定期購読者の一人です)に掲載して下さるよう、お願いするしだいであります。

敬　具

フレデリック・ハルトモント・ド・モントモレンシー

男相場師が「雄鹿《スタッグ》」であるのに対し、こちら女相場師は「雌鹿《ドウ》」である。ただし、「スタッグ」が頻出し、一般化したのに対し、「ドウ」は、ここで一回登場するだけである。文・絵ともに、先の「本日の演し物」同様サッカレーの手になる。

ところで、鉄道株購入のために並はずれの大金をもって乗り込んできたこの「雌鹿」は、もちろん普通の金持ち女ではない。職業欄に「独身《スピンスター》」と書き込まれているのも意味ありげだが、この当時ハイド・パークが、日中も高級娼婦《ドミ・モンド》に開放されていたという事実、そしてハイド・パーク・コーナー名物の巨大なアキレス裸体像の台座のあたりが、「上流社会」の男女の集まる場所であったということが分かれば、この女の職業が具体的に何であるかもおのずから判明するのである。

先の『パンチ』宛て書簡には、さらに次のような続きがある。

追伸。なかには詩を好む向きもあるだろうし、当方その方面での多少の心得もあるので、ここに私たちの「出会い」を韻文に託して記しておく。

美しくて若く、才知にたけた、
かわいいキティ・ローリマー、
なんの用あってわざわざ
シティへ馬車を走らせた？

韻文は全十連。大体散文書簡の内容をなぞっているが、最後の部分で、「私の心は彼女にうばわれた、色っぽくてかわいい、あのキティに」というふうに、女に対する男の誘いかけが、もう少し積極的にほのめかされる。

脱　線（第一六巻一九一ページ。一八四九・五・一二）

鉄道王ジョージ・ハドソンがその財力を基盤に、トーリー党議員として国会にまで進出したのが一八四五年。だが彼の勢力が絶頂期に達したその翌年に、『パンチ』は「スタッグの鉄道通信」（第一〇巻一三九ページ。一八四六・三・二八）を通じて、すでに彼の王国にバブル崩壊の危機が迫っていることを予告している。「今や臨時委員会の面々は、パニック状態に陥っておびえ始めており……バブルの崩壊によって傲《おご》り高ぶっていた者どもが敗北者に転ずるという徴候が、ありありと見えてきている。」

それから三年目の一八四九年に、果せるかな鉄道王ハドソンのさまざまな不正が明るみに出た。会計のずさんさ、資本金に食いこんだ配当金の吊り上げ、一〇〇〇株を超える自社株の私有等々。そしてさらにひどいことには、彼の設立したヨークシャー・ユニオン銀行の支配人が、銀行の資金を鉄道株の投機に投入し、二万ポンドにも及ぶ超過振出しを行なっていたのを、黙認していたことが突きとめられた。

一八四〇年代のイギリス社会に鉄道旋風を巻き起こしながら、自らの暴走にブレーキをかけ忘れてしまっていた鉄道王は、かくして再起不能の大「脱線」事故を起こしてしまったのである。

OFF THE RAIL.

脱　線

鉄道株主総会――二ペンス半の配当金の公表に怒る株主たち（第一七巻三二ページ。一八四九・七・二一）

リチャード・ドイルの「一八四九年におけるイギリスの風俗と習慣」シリーズ（第一六巻一一四ページにその第一号が発表され、第一七巻一二月二二日の第四一号をもって終る）のひとこまで、「二ペンス半の配当金の公表に怒る株主たち」という副題がついている。鉄道王の「脱線」直後に開かれた株主総会の模様だと見てよい。解説記事として書かれている「ピップス氏の日記」――『ピープスの日記』をもじったもの――からも追いつめられたハドソンの姿をうかがい知ることができる。

一八四九年七月二日、月曜。スタッグ氏が来訪、誘われてロンドン・ターバーンでの鉄道株主総会を見学に行く。……演壇の下の株主たちは、事態に関する審議の成り行きを見るために集まってきているのだ。……鉄道王を見つけようと思って、熱心にあたりを見まわしていると、スタッグ氏が耳もとで、彼はおそらく顔を見せまいと言った。幹事が、他の鉄道との合併を国会に提案するための原案を読みにかかったが、株主たちからの雑音や怒号で遮《さえぎ》られ通しだった。が、どうにか最後までこぎつけた。そこで議長が原案承認の提案をしかけたところ、盛んな拍手とともに修正案が出された。会議を一か月先へのばし、その間にまず会社の帳簿を点検する必要がある、会計のごまかしの疑いがあるからだ、ということである。

鉄道株主総会――２ペンス半の配当金の公表に怒る株主たち

一八四九年の大鉄道ガイ（第一七巻一八七ページ。一八四九・一一・一〇）

失墜した鉄道王を葬り去る絵である。この絵と関連してその左ページに「われらがガイ」と題する風刺詩が載っているので、まずその一部を訳出しよう。

　　われらがガイ

貧乏労働者の捨てたよれよれのボロ服、
　かかしから吹きとんだぺしゃんこのきたない帽子、
少しのわら束に、提灯とマッチ、
　顔の面《めん》と、王座がわりの椅子。（第二連）

この一一月五日、われらがガイは、本物ガイが
　爆破を図ったその議事堂の議席にあった。
その人ジョージ・ハドソンに、今やみな泥を投げつける、
　それをマモン神の信徒に、『パンチ』は一目見せたかった。（第四連）

THE GREAT RAILWAY GUY FOR 1849.

1849 年の大鉄道ガイ

一六〇五年に、国王ジェイムズ一世と上院、下院の議員の皆殺しを図って、国会議事堂の爆破を企てた事件があった。主謀者ガイ・フォークスは捕えられて処刑されたが、この事件に因んで毎年一一月五日をガイ・フォークス・デイとし、わら人形を作って引きまわしたあと、それを焼くという習慣が伝わっている。

往年の鉄道王が、今やそのガイに仕立てられているわけだが、担架を運ぶ「スタッグズ」の角までが模造品らしく見えるのが、また滑稽である。

三　ロンドン万国博覧会と水晶宮

RED AND FIFTY-ONE.

日

MAY DAY, EIGHTEEN H

185

飢餓の四〇年代には、チャーティズム運動に代表されるような、革命への動きが表面化したこともあったが、J・B・プリーストリーの言葉を借りていえば、革命は「しょせんイギリス国民本来の気質に反するものであった」。

もちろん、全体にわたる労働条件の調査、鉱山法の制定や工場法の改正など、改革に向けての前進があったことは無視できない。それに加えて一八四六年に穀物条令が廃止される運びとなり、それを契機に、イギリスは差し迫った危機を一応乗り越えるのに成功したのである。

一方、一八四六年頃から五〇年までの間に、文学的に見てまさに驚異の年が出現したということも、われわれの注意をひく。ディケンズ、サッカレー、ブロンテ姉妹、ギャスケル夫人、テニソン等によって、世界的名作が続々と産み出されているのである。これらの創作活動と、経済的好転の兆とが、ほぼ並行する形で現れているのは甚だ興味深い。

そして一八五〇年に、アルバート公と産業デザインの改革者として有名なヘンリー・コール(一八〇八―八二)が中心になって、ヴィクトリア朝最盛期の幕明けを象徴するにふさわしい大イヴェントの計画が進められた。すなわちイギリスの産業の勝利の祭典としての、世界最初の万国博覧会開催の計画である。そして翌五一年に、壮大なガラスの殿堂――水晶宮がその会場として、ハイド・パークに出現する。

『パンチ』は当初、この計画に対して極めて批判的な態度をとり続けた。しかし、あとから述べるように、会場建設用地にそびえていた三本のニレの巨木が、伐り倒さずに保護されるようになってからは、積極的な支持派に転じて、水晶宮実現に向けて、さかんにキャンペーン活動を展開するようになる。万国博開幕二日後、一八五一年五月三日発行の『パンチ』が、「一八五一年五月一日」(第二〇巻一七九―八〇ページ)という折込み二ページ大の万博風景戯画を掲げているのは、その熱意の証しだともいえよう。絵に見る水晶宮の正面には、諸国民の礼賛を受けるブリタニア(大英帝国の象徴)に肩を抱かれるという特権を享受する、ミスター・パンチが描かれている。

ロンドン万国博覧会の会期は、一〇月一五日までの五か月間。当初の予想をはるかに超える、大成功を収めた。今日のサウス・ケンジントンの景観の中心を占めるヴィクトリア・アンド・アルバート博物館、科学博物館、博物学資料館、地質学資料館、帝国科学技術専門学校、王立美術専門学校、王立音楽専門学校、ロイヤル・アルバート・ホール等の建物と敷地のすべてが、この万国博の収益金によって産み出されたのである。

水晶宮については注意すべき点がたくさんあるが、その第一は、これが世界最初の総鉄骨ガラス張りの超大型プレハブ様式の建造物であったということである。その設計者が、庭師上がりの典型的なセルフメイド・マン、ジョゼフ・パクストンであったということも注目に値する。

パンチ氏の一八五〇年産業博覧会展示見本——一八五一年に改善の予定(第一八巻一四五ページ。一八五〇・四・一三)

万国博覧会開催案について、ヘンリー・コールとアルバート公とのあいだで話し合われたのは、一八四九年六月。翌五〇年一月に、万国博覧会開催に向けての王立委員会が組織され、アルバート公がその総裁に就任した。

パンチ氏はこのあわただしい成り行きに対して批判的で、莫大な費用を要する万博開催よりも、まず当面の国内の窮状改善が先決問題である、ということをアルバート公に訴えているところである。

『パンチ』の「展示見本」は、飢餓の四〇年代の象徴的貧困労働者の数々である。左から「仕事に励む針子」(三一ページ参照)、「七五歳の労働者」、「苦境の靴職人」、「苦汗労働者」。(TO BE IMPROVED IN 1851)は、もちろん一八五一年の万博開催に対する当てつけで、「この惨状を改善すべし」とも読みとれる。

SPECIMENS FROM MR. PUNCH'S INDUSTRIAL EXHIBITION OF 1850.

(TO BE IMPROVED IN 1851).

パンチ氏の1850年産業博覧会展示見本――1851年に改善の予定

働き者の少年――どうか万国博覧会をよろしく（第一八巻二二七ページ。一八五〇・六・八）

一八五一年のロンドン万国博覧会開催の計画は、全経費を寄付でまかなうという方針で進められた。したがって万博開催のための王立委員会総裁の任にあったアルバート公は、常に募金キャンペーンの先頭に立って働かなければならなかったのである。ここにいう「働き者の少年」は、その募金活動ぶりを揶揄《やゆ》した風刺画である。そして、次に訳出するような俗謡風の風刺詩が添えられている。


憐れ若い殿下の悩みにお情けを、／高価な企画のために募金にお出ましだ、／大変お困りのようす――もはや隠すには及ばぬ――／おお、殿下に援助を、すれば福の神が訪れよう！

この空《から》の帽子が私の弱った立場を物語り、／この奉加帳の空白が私の心配のたね、／日々が流れて一週また一週とすぎゆけど、／寄付に応ずる人のなんと少ないことか。

地位ゆえの務め、嘆く理由があるものか。／地位ゆえに、かような立場にいるわけで、／君とて似た境遇におかれることもあったはず、／冷やかしとからかいが本命の君とても。

THE INDUSTRIOUS BOY.

"Please to Remember the Exposition."

Pity the troubles of a poor young Prince,
Whose costly scheme has borne him to your door,
Who's in a fix—the matter not to mince—
Oh, help him out, and Commerce swell your store!

This empty hat my awkward case bespeaks,
These blank subscription-lists explain my fear;
Days follow days, and weeks succeed to weeks,
But very few contributors appear.

Station brings duties: why should we repine?
Station has brought me to the state you see;
And your condition might have been like mine,
The child of Banter and of Raillery.

働き者の少年――どうか万国博覧会をよろしく

アルバート！　木を伐らないで（第一九巻一〇ページ。一八五〇・六・二九）

万国博覧会開催の計画に伴い、その敷地としてハイド・パークのロットン・ロウとケンジントン・ロードとの間の広い空間が選ばれた。ロットン・ロウといえば、その当時上流階級の人びとの乗馬遊歩場、野外社交場として知られたところ。ここに万博会場を建てるとなると、たくさんの木々を伐り倒さなければならないというので、たちまち世論が沸騰した。特に南北につらなる三本のニレの巨木が伐られる可能性が高まるにつれて、万博の開催そのものが危ぶまれるくらいの反対論が沸き起こったのである。

斧をふり上げるアルバート公に向かって、「木を伐るな」と迫っているのは、パンチ氏ではなくて、ウルトラ保守主義者として定評のあった下院議員シブソープである。彼はかつてアルバート公に対する五万ポンドの年俸支給案が出されたとき、「外人嫌い」を理由に猛反対を唱えたことがある。万博に対してもやはり絶対反対の立場をとっていたシブソープは、ニレの木の問題が議会にもち込まれるに及んで、俄然勢いづいた。

アルバート！　木を伐らないで、
　見世物を出す場所にご注意あれ、
お願いだから、どうか、

ALBERT! SPARE THOSE TREES.

ALBERT! Spare those trees,
  Mind where you fix your show;
For mercy's sake, don't, please,
  Go spoiling Rotten Row.

That Ride, that famous Ride,
  We must not have destroyed,
For, ne'er to be supplied,
  Its loss will leave a void.

Oh! certainly there might
  Be for your purpose found
A more congenial site
  Than Hyde Park's hallowed ground.

Where Fashion rides and drives
  House not industrial Art,
But 'mid the busy hives
  Right in the City's heart.

And is it thy request
  The place that I'd point out?
Then I should say the best
  Were Smithfield, without doubt.

There, by all votes approved,
  The wide world's wares display,
The Market first removed
  For ever and a day.

アルバート！　木を伐らないで

ロットン・ロウを害ねないように。

おお！　あなたの目的には、
ハイド・パークの聖なる地より、
もっとよく適ったところが
　きっときっと見つかるはず。

社交界の人たちが馬や馬車で遊ぶ場に
　産業製品などもちこまないで、
シティのどまん中界隈の
　にぎやかな場所を選びなさい。

もしお望みならば
　私が教えて進ぜようか。
私が最適の地として思うのは、
　スミスフィールドのほかにない。

そこへ、みんなの賛同により、
広い世界の製品を陳列するとなれば、
まずは市場を他の場所へ
永遠に移すことになりましょう。

注・スミスフィールドはロンドンの代表的家畜市場として有名。

結局それらのニレの木は伐らずにすんだ。設計者ジョゼフ・パクストンの工夫によって、建物の中央に高さ一〇八フィート（約三二・四メートル）の半円形の袖廊《トランセプト》が渡され、木々がその中に囲い込まれることになったからである。これはガラス宮殿の外観に趣きを添えたばかりでなく、期せずして屋内庭園の景観を作り出す結果にもなったのである。

袖廊建築風景

一八五一年のロンドン（第一九巻一三二ページ。一八五〇・九・二一）

万国博覧会の開催に際して、最も懸念された問題の一つは、ロンドン市街の混雑、交通渋滞であった。『パンチ』のこの絵は、そのありようを見越して描かれたものである。

会期が近づくにつれて、ロンドン市街には見物客目当ての各種の商売用の広告が氾濫した。『パンチ』は、そのありさまをユーモラスに描き込みながら、ひときわ大きく「万国博覧会の詳報については、『パンチ』誌にご期待あれ」と、抜け目なくPRを行なっている。

LONDON IN 1851.

1851年のロンドン

女王陛下、五月一日ご入場時の模様——「恐るべき反逆者や暗殺者ら」のいる中を（第二〇巻一九三ページ。一八五一・五・一〇）

一八五一年五月一日、世界初の万国博覧会開会式典に臨むためにバッキンガム宮殿を出発した王室の一行は、正午ちょうどに「外には歓呼の声がわき起こり、内にはラッパの高鳴る」中を、水晶宮に入った。そして女王がその中央部に、例の三本のニレの巨木の一本を背景に設けられた玉座につき、盛大な式典が行なわれたあと、この図にあるような場内巡行という段取りになったのである。同誌上に掲載された「パンチ自身の万国博覧会開幕見聞記」は、この場内巡行の模様を次のように伝えている。

比較をこえて当日最も感動的であったのは、女王と〔アルバート〕殿下とが、上のお子さま二人の手をお取りになって、館内の奥の奥までおまわりになったことだ。若い女性君主とご家族がつれ立って、二万五〇〇〇人もの群衆のなか、ほとんど誰からでも手の触れられる至近距離を、いかに安全に、そして確信をもってお歩きになったことか。その群衆たるや、どの階級からも選ばれているのではなくて、王族と身近に接する資格としては、僅か四二シリング（つまり定期入場券代。ただしこれは女性用金額で男性用は六三シリング。定期券所持者は開会式に参加できた——編者）の支払いが求められたにすぎない。

HER MAJESTY, as She Appeared on the FIRST of MAY,
Surrounded by "Horrible Conspirators and Assassins."

女王陛下，５月１日ご入場時の模様――「恐るべき反逆者や暗殺者ら」のいる中を

ポンド族とシリング族――こんな所で会えるなんて！（第二巻二四七ページ。一八五一・六・一四）

参考までに、まず一八五一年万国博覧会の入場料システムを紹介しておく。先にふれた定期券――これは前売りで、男性用が三ギニー（三ポンド三シリング）、女性用が二ギニー（二ポンド二シリング）となっていた。一般入場料は、開会日を含めて三日間を一ポンドとし、それからあと五月二四日までは五シリングと定められた。その後は会期中の各週ともに月曜日から木曜日までの四日間は、これが一シリングに引き下げられ、金曜日と土曜日は、それぞれ二シリング六ペンスと五シリングとになった。ただし八月以降は土曜日も二シリング六ペンス。

表題のカートゥーンは、おそらく定期券所持の上流階級の「ポンド族」と、彼らの使用人、あるいは借地人の「シリング族」とが会場でばったり出会ったところ。大人たちも子どもたちも「二つの国民」がここでは完全に融和している感じである。桟敷から見おろすミスター・パンチの表情も、いかにもご満悦の態である。

THE POUND AND THE SHILLING.
"Whoever Thought of Meeting You Here?"

ポンド族とシリング族——こんな所で会えるなんて！

場面――博覧会場の軽食堂（第二一巻二ページ。一八五一・六・二八）

客「ビール一パイント頼むよ、おねえさん。」

女店員「おいてないの。ウェイハースつきのストロベリー・アイスクリームならあるけど。」

明らかにシリング・デーのひとこまである。はるばる田舎から特別割引運賃の万博見学団体列車に乗ってやってきた二人――歩き疲れたところで好きなビールでのどをうるおしたいと思って、軽食堂を探し当てたところが、アイスクリームだとは差がありすぎる。博覧会開催中、場内は禁酒禁煙、アルコール類持込みいっさい禁止という規定になっていた。仕方なく、この二人も水でがまんしなければならなかったのである。

SCENE—EXHIBITION REFRESHMENT ROOM.

Visitor. "Pint o' Beer, Miss, Please."
Miss. "Don't keep it. You can have a Strawberry Ice and a Wafer!"

場面——博覧会場の軽食堂

噴水のデザイン――シリング・デーの袖廊備え付け用（第二〇巻二五七ページ。一八五一・六・二一）

ロンドン万国博覧会の展示品の中で、文字どおり最も光って見えたのが、水晶宮の身廊と袖廊とが交差する地点に据えられた「水晶噴水」（左図）であった。四トンのクリスタル・グラスで作られ、全長二七フィートの高さをもって、三層になった噴水盤から滝のような水が落下するようになっていたこの水晶噴水は、すべての入場者を魅了し、彼らの賛嘆の的になった。また待ち合わせの場所としても人気があった。ところで、特に暑い満員のシリング・デーなど、この噴水のまわりに疲れた足を止めて、清涼感あふれる水の噴出を見ていると、泡立つビールを思い出してのどを鳴らした人も、決して少なくなかったはずである。この「噴水のデザイン」は、そういう人たちに対する『パンチ』の思いやりから考案されたものである。シリング族の誰にでも、飲み放題の無料サービスという趣向である。しかし、会場で実際に飲み放題であったのは、備え付けの濾過水だけであった。

DESIGN FOR A FOUNTAIN
To be Placed in the Transept on the Shilling Days.

噴水のデザイン——シリング・デーの袖廊備え付け用

賞賛とプディング（第二一巻一八一ページ。一八五一・一〇・二五）

アルバート殿下――「ジョゼフ・パクストン君――君には盛りだくさんの名誉を与えたが、加えてこの「実のあるプディング」を進呈することにしたよ。」

フォークの突きささっている大きなプディングに書かれている「黒字二五万ポンド」は、五か月にわたって、連日大入りの盛況が続いた万国博の収益額をあらわす。これだけの収益をあげながら、肝心の水晶宮設計に功労のあったパクストンには、博覧会閉幕後一〇月二三日に、ナイト爵が贈られただけで、ほかに何の報酬も与えられなかった。『パンチ』は、「水晶宮は存続するか」という題の関連記事の中で、人を見くびったこのやり方に対して、猛烈な非難を浴びせるとともに、二万ポンドという「実のあるプディング」の一切れの贈与を提案した。『パンチ』のこのキャンペーンが功を奏したというべきかどうかはともかくとして、結局パクストンには『パンチ』の提示額の四分の一の五〇〇〇ポンドの報酬が与えられたのであった。

PRAISE AND PUDDING.

H.R.H. Prince Albert.—"Master Joseph Paxton—In Addition to the Honours that have been heaped upon You, I have much Pleasure in Presenting You with this Piece of 'Solid Pudding.'"

賞賛とプディング

シドナムの水晶宮

ウインター・ガーデンのミスター・ジョン・ブル（第二一巻七九ページ。一八五一・八・一五）

万国博覧会が幕を閉じたあと、水晶宮をどうするかの問題が浮上した。鉄骨で組立てられた総ガラス張りのこの建物は、壮大な規模をもつ。左右の長さ＝一八四八フィート（約五五四・四メートル）、幅＝四〇八フィート（約一二二・四メートル）、高さ＝六四フィート（約一九・二メートル）、そして中央に高さ一〇八フィートの袖廊がついている。

一八五一年七月一〇日号の『パンチ』所載の「水晶宮——救済に向けて」（第二一巻一三ページ）によると、パクストンは、これをウインター・ガーデンに転用するために具体案を練っていた。「南部イタリアの気候をここに実現させる。人びとは芳しい木々の間で乗馬を、歩行を、あるいは寝そべって憩いを楽しむことができる。……」

MR. JOHN BULL IN HIS WINTER GARDEN

ウィンター・ガーデンのミスター・ジョン・ブル

しかし、パクストンのこの夢が実現したのは、いくたの曲折をへて、水晶宮がロンドンの南の郊外シドナムに移されてから後のことであった。

一八六二年に幕府の遣欧使節に随行した福沢諭吉は、五月二五日にこのシドナムのクリスタル・パレスを訪れ、『西航記』にその印象を書き留めている。また『特命全権大使米欧回覧実記』には、一八七二年八月一七日に、岩倉使節団がここを訪れたときの見聞が、興味津々たる筆致で綴られている。

四　繁栄の裏側——病めるロンドン

NG CHOLERA.

王宮

A COURT FO

キング・

ヴィクトリア朝の大きな特色の一つは、都市人口の膨張であった。都市における貧困住民の増大は、必然的に生活環境の悪化に通じる。特にロンドン、マンチェスターあたりでは、住宅不足、雑居生活、環境衛生の劣悪化、食糧不足等々が重なって、一八四〇年までにすでに破局的な行き詰り現象をきたしていた。

一八三〇年代半ば頃までは、中・上流階級の人たちでさえ、事実上汚水溜めの上で生活をしていたのであるから、都市における貧困生活者の密集地の状況は、推して知るべしである。上・下水道の設備もなければ、排泄物の処理の方法もなかった。加えて飲食物には、不純物混入がごく当たり前のこととなり、毒も薬もともに、ほとんど制約なしに売られていた。貧困者たちは、まさに病気や死と隣り合わせの生活を送っていたのである。

病気の中でも恐ろしいのは、コレラである。コレラが初めてイギリスを襲ったのは、一八三一年。それから一八四八年から四九年にかけて、イギリスは再度コレラの流行に見舞われた。特に一八四九年六月から九月半ばにかけては、これが猖獗《しょうけつ》を極め、死者はイングランド、ウェールズを合わせると、五万三〇〇〇人にものぼった。さらに一八五三年八月にはロンドンにコレラが発生、その後各地へと蔓延して、翌五四年の終わりまでには、ウェールズ地方を含めて約二万人の死者が出た。

『パンチ』に描かれた「キング・コレラの王宮」(第二三巻一三九ページ。一八五二・九・二五、一〇〇―一〇一ページ)は、この恐るべきコレラ発生の条件を集約しているといえよう。左にごみ(おそらく汚物混りの)の山があって、女が何か獲物をあさっている。その右側で子どもたちが、死んだ鼠をもって遊んでいる。窓枠の下に、間違った綴りで「旅行者《ツラベラーズ》向き下宿屋」と書かれた看板がかかっているところをみると、ここは流れ者のドヤ街であろう。中央にてっぺんの平らな円筒形帽をかぶって立っているのは、アイルランド人だが、男女大人子ども、どの姿にも貧困と非衛生がまざまざと写されているのには、変りはない。

『パンチ』のこの絵の左ページには、「キング・コレラよりイングランドの盟友へ」と題する風刺韻文が載っている。遠くバルト海沿岸から渡ってきたキング・コレラが、特にイギリスに居座りたがるのは、彼らにとって打ってつけの「盟友」がいるからだ。ここにいう「盟友」とは、もちろん絵に見るような環境であり、そのような環境を放置している「救貧法施行委員たち」、「衛生局の役人たち」、その他自治体の要人たちである。

この盟友軍団がそろって／キング・コレラを守る限り、／誰が彼を取り押さえようとしたとて、

熱病の巣は昔と変わらず、／疫病の犠牲者が出るのも同じこと――／昔ながらの光景が――昔ながらの悪臭が――彼を魅惑する。(第一一連)

病める都市の対話（第一三巻三三ページ。一八四七・七・三一）

イギリスの主要工業都市――リーズ、ノッティンガム、リヴァプール、マンチェスター、バーミンガム――と商業都市としてのロンドンとの間で交わされる、互いの病状対話編である。どの工業都市も伝染病、流行病に冒されて気息えんえんたるありさまを託《かこ》ち合う。では、ロンドンの様子はどうなのか。バーミンガムが問いかける。

「ロンドン君、富にひたっての生活気分はどうかね？」

「ああ！」ロンドンは答えた。「金は健康にあらずだ。なるほど富にはひたってる。でも大水にひたることもあれば、泥の中にひたることもあるんだよ。汚水も排水も下水もみんな放ったらかしなんで、おかげでぼくは、全身病気だらけなのさ。

……

それから空気と水の欠乏のため、肺結核が、住民の間で無差別殺りくをくりひろげるありさまだ。で、ぼくはというと、肺炎、胸膜炎、胃炎、耳下腺炎、消耗症、黄疸、腸炎の病気持ち。
……
本当にぼくは、君たち全員の病気を一身に背負ってるようなもんさ。
薬なんて当てにならん。体のよごれを落としたい。
体そのものの全面たて直しが必要なのだ——
少なくとも、思い切った組み変えが、
街路に限らず自治体全域にわたって必要なのだ。
他の都市が異口同音に言うには、「どこも同じだ、
ぼくたちに必要なのは清掃夫——医者などに用はない。」

The Health of Towns;

IN A COLLOQUY BETWEEN THE INVALIDS.

Says Leeds to Nottingham, "Ah! how d'ye do?"
"So, so," says Nottingham, "and how are you?"
Says Leeds, "I'm with an epidemic troubled,
And fear my hospitals must soon be doubled."
"How's Liverpool?" says Manchester. "Oh dear!"
Says Liverpool, "I'm going fast, I fear;
I'm with contagion positively teeming,
And you, I think, are very poorly seeming."
"I am," says Manchester, "extremely ailing;
In all my quarters typhus is prevailing.
And how is Birmingham?" "I'm doing badly,"
Says Birmingham; "my breathing plagues me sadly;
I sometimes almost fear my heart's cessation;
I know what's killing me—bad ventilation.
How are you, London, rolling in your wealth?"
"Alas!" says London, "money isn't health.
'Tis true I roll in wealth, as in a flood,
But, also, I'm compelled to roll in mud.
My cesspools, sinks, and sewers are neglected,
Hence by all kinds of ailments I'm affected:
I'm devastated by a host of fevers,
Which rage in Spitalfields amongst my weavers.
In Clerkenwell, and Houndsditch, and about
My filthy ward of Farringdon Without,
Measles and small-pox—spite of vaccination—
Are thinning fast my crowded population;
Consumption, too, for want of air and water,
Amid my denizens spreads wholesale slaughter.
Then I've pneumonia, pleurisy, gastritis,
Mumps and marasmus, jaundice, enteritis.
Forth from my reeking courts and noisome alleys
Breaks fatal pestilence in frequent sallies;
Lurking meanwhile, like fire in smouldering embers,
I've erysipelas about my members.
My children, too, have ricketty affections,
And strumous constitutions and complexions.
I'm always ill, in every kind of weather:
In fact, I've all your ailments put together.
Of physic I despair: I want ablution;
My system needs a thorough revolution—
At least, a very sweeping reformation,
Not only of my streets, but Corporation."
Quoth all the other towns, "That's our condition;
We want the scavenger—not the physician."

病める都市の対話

市参事会員と薬屋（第一五巻一七三ページ。一八四八・一〇・二一）

シェイクスピアの『ロミオとジュリエット』第五幕第一場、ロミオがマンチュアで毒薬を求める場面をもじって描かれた一こまである。場面は「ロンドン・シティ・スラム街の一角」。市参事会員が、「貧乏に苦しむ薬屋」の店を訪ねて、二人の間でやりとりが始まる（『ロミオとジュリエット』と照らし合わせて読んでいただきたい）。

市参事「ここへきてくれ。お前は金に困っているようだな。
それ、年額一五〇ポンド払うから。
……
よごれた市の特別行政区の
排水と下水の調査を引き受けてほしいのだ。
……」
薬屋「それじゃ手当てが少なすぎます。
仕事が仕事。今まで何人もの人が死んでますね。」
市参事「そんながりがりの、腹ぺこのなりして、
なお死をおそれるのか？　お前の顔には白十字架がうかび、

お前の心配げな眼には、女房の餓死姿が映り、
お前の背中には大家族がかかっている。
……
貧乏をすてろ、それを断ち切れ、そしてこれを取れ。」

市参事会員と薬屋

薬屋「お受けするのは私の貧乏、私の技ではありません。」
市参事「金をやるのはお前の貧乏にだ、お前の技にではない。」

ロンドンの行政権を握っている市参事会員が、このように無為無策とあっては、ロンドンが全身病気だらけになるのも無理はないのである。

ロンドン教会墓地のハムレット（第一七巻一四七ページ。一八四九・一〇・一三）

排水や下水、糞尿から生ずる公害とともに大問題になったのは、ロンドンの「教会壁内《イントラミュラル・イン》埋葬《ターメント》」である。イギリスにおける第二次コレラ猖獗の一八四九年に公にされた、シティ保健医務官ジョン・サイモンの「シティ医務報告書」その一に述べられた次の一節を見るだけでも、当時における教会墓地の大混雑の惨状が、十分に想像できよう。

　シティに古くからある墓地で、もとの平面の上に土が何フィートも盛り上がっていないところは、ほとんどないといってよい。地表のすぐ下には、数えきれないくらいの死体が横たわっているのである。……その墓地と隣接する周囲には、家々がぎっしり立ち並んでいるために、害悪を少なくするための通気さえできないありさまである。

一八四九年九月一五日号の『パンチ』（第一七巻一一一ページ）に、このような状態に当てつけて書かれた「ロンドン教会墓地にてよめる哀歌」が掲載された。題名から推察されるとおり、一八世紀の詩人トマス・グレイの「田舎の教会墓地にてよめる哀歌」をもじって書かれたもので、ロンドン教会墓地から発生する公害と、ただ金儲けに満足しきっている教会関係者の怠惰ぶりに対する風刺が、その内容となっている。

そして、そのひと月あとに、「ロンドン教会墓地のハムレット」が登場することになる。もちろん『ハムレット』第五幕第一場の墓掘りの場面に因んで描かれたもので、一四五ページに

HAMLET IN THE LONDON CHURCHYARD.

Hamlet (*Mr. Punch*). "WHY MAY NOT IMAGINATION TRACE THE REMAINS OF AN ALDERMAN, TILL WE FIND THEM POISONING HIS WARD?" *See p.* 145.

ロンドン教会墓地のハムレット

はシェイクスピアの作品と並行する形で書かれたせりふがついている。

場面——ロンドン。ある教会墓地。

ハムレット(ミスター・パンチ)、ホレーシオ(ミスター・ジョン・ブル)、道化(道化、墓を掘りながら頭蓋骨をほうり出す)

ハムレット「あの頭蓋骨にも鼻があり、昔は臭いをかぐことができたはずだ。それがどうだ、背骨からたたき落されるとは。まるで、あの恐ろしい殺人犯のサイクス(ディケンズ『オリヴァー・トゥイスト』に登場する悪党——編者)のあご骨といったところじゃないか! ……ひとつ、この男に話しかけてみるか。だれの墓だな、これは?」

道化「だれのんでもねえよ。」

ハムレット「なるほど、そういえばそうだ。だれもまだ中に入っていないのだから。」

道化「いや、だれも外に出ちゃいねえってことよ。だってこれあ、みんなの墓なんだから。みんなの墓てことは、だれのんでもねえってことになろうが。で、だれの墓でもねえってわけさ。」

ハムレット「お前さん、人を埋めてから掘り起こすまで、どのくらい土の中においておくんだね。」

道化「そうさね、死ぬまでに体が砕けてなけりゃ(近ごろは鉄道事故ってやつが、めっきりふえたんでね)、まあ二年か三年は埋めたままにしておくってところだね。」

……

ハムレット「だんだんと考えてみると、市参事会員の死骸が、自分の区に害毒をまき散らすようになるありさまが浮かんでくるなあ。」

ホレーシオ「それはまた、おかしなことを考えすぎではありませんか?」

ハムレット「いやいや。つまりこういうことだよ。肥腹横柄君《ヘビー・サイズ》が死んだ。肥腹横柄君が埋められた。肥腹横柄君がガスになった。そのガスが酸素を硫化する。硫化した酸素からチフス菌が発散する。というわけで、彼はとどのつまりがチフスとなり、彼の区はそれによって毒されるということになるではないか?」

何を食べ、何を飲み、何を避けるべきか(第二九巻四五ページ。一八五五・八・四)

一八五〇年代早々に、「食品、飲料、薬品等における不純物混入に関する特別調査委員会」が設立され、一八五四年から五五年にかけて、その第一回目の報告書がまとめられた。『パンチ』は、この動きと呼応する形で、一八五五年から数年間にわたって、不純物混入に対する糾弾活動を展開した。その第一番手として、表題の問題が提起されたのであるが、内容を読むほどに、混入物の恐ろしさがひしひしと伝わってくる。

不純物の混入は、もはや歯止めがきかなくなっていて、われわれは薬品でさえ純粋な状態のものを手に入れることができなくなっているのだ。……「一杯の冷たい毒薬」(シェイクスピア『コリオレーナス』第二幕第一場の「タイバー川の水一滴まじえぬ純粋な一杯の熱いワイン」と対応――編者)の純度についても確信がもてないというのは、考えるだけでも恐ろしいことだ。……一般に生命の糧と思われているパンには、往々にして、健全な感覚ではとうてい堪えられないほどの生命が含まれている。つまり、動物肉の固まりである場合が多いということだ。

そして以下、ソーセージが馬の舌で製造されている事実、「紅茶がまた鉄のやすりくずや、カテキュと呼ばれる物質で成り立っているということ」などが、列挙されている。

何を食べ，何を飲み，何を避けるべきか

混入物の効用(第二九巻四七ページ。一八五五・八・四)

小さい女の子「おじちゃん、お母さんにいわれてきたんだけど、ネズミを退治するので一番上等のお茶を四分の一ポンドだけちょうだいって。それと、ゴキブリによく効くらしいから、チョコレートも一オンスほしいんだって。」

この女の子は、「ゴキブリ」(black-beetles)を"BLACK BEADLES"と、間違えて伝えている。しかしこれは『パンチ』が意図的に間違えさせているのである。"beadle"は、教区吏員のことで、『オリヴァー・トゥイスト』のバンブル氏のように、貧者に対して血も涙もない、私利私欲の固まり同然の小役人の典型——ゴキブリみたいな社会的嫌われ者となっていた。

店のカウンターの陰には、マチン(インド、ビルマに産する有毒種子——編者)、焼き石膏、鉛丹、砂などの混入不純物の容れ物がおいてある。

PUNCH, OR THE LONDON CHARIVARI.—August 4, 1855.

THE USE OF ADULTERATION.

Little Girl. "IF YOU PLEASE, SIR, MOTHER SAYS, WILL YOU LET HER HAVE A QUARTER OF A POUND OF YOUR BEST TEA TO KILL THE RATS WITH, AND A OUNCE OF CHOCOLATE AS WOULD GET RID OF THE BLACK BEADLES?"

混入物の効用

偉大なる菱形飴《ロゼンジ》製造業者――世の父親《ペイターファミリアズ》へのヒント（第三五巻二〇七ページ。一八五八・一一・二〇）

説明記事として絵の左ページに「毒の入っていないキャンディーのいろいろ」が載っているので、その内容を要約する。

いま出回っている「ロリポップ」という棒つきキャンディーに混入される「ダフ」というのは、一般には焼き石膏《プラスター・オヴ・パリス》と呼ばれる硫酸カルシウムから成っている。石膏といえば、彫像や胸像などの製造には適しているが、ロリポップの製造には向かない。人間の胃袋は、このような「消化されない物質で壁を塗られるようには、本来決してつくられていないのである。」

砂糖でごまかすことによって、この恐るべき焼き石膏《プラスター・オヴ・パリス》を食道へ入れさせる悪徳業者の腹はまっ黒だというべきだが、その石灰と硫酸との混合でできた塑性物質そのものは、まっ白なのだ。商品としての砒素がまた同じ色ときている。そのために、嫌疑のかかる心配のない原因不明の健康障害程度のつもりで行なわれた不純物混入が、即死につながることがあるのである。

というわけで、子どもに愛想をつかし、子どもよりもブルドッグの子犬をかわいがるような「世の父親へのヒント」という副題がついているのである。

THE GREAT LOZENGE-MAKER.
A Hint to Paterfamilias.

偉大なる菱形飴製造業者――世の父親へのヒント

五　テムズ川汚染——飲み水の危機

THAMES.

And from thee is brew'd our porter—
Thee, thou gully, puddle, sink!
Thou, vile cesspool, art the liquor
Whence is made the beer we drink!

Thou, too, hast a Conservator,
He who fills the civic chair;
Well does he conserve thee, truly,
Does he not, my good LORD MAYOR?

|神

DIRTY FAT
FILTHY river, filthy river,
Foul from London to the Nore,
What art thou but one vast gutter,
One tremendous common shore?
All beside thy sludgy waters,
All beside thy reeking ooze,
Christian folks inhale mephitis,
Which thy bubbly bosom brews.
All her foul
Into thee
These polluti
To and fro

汚れ

ロンドン万国博覧会開催を目前にひかえた一八五一年二月一日発行の『ハウスホールド・ワーズ』(ディケンズが経営していた週刊誌)に、「ファザー・テムズ」(テムズ川神)という題の、テムズ川汚染物語が載っている。

バターシーとロンドン橋との間に備えつけられた一四一本の下水溝から流れこむ下水、両岸のガス工場、醸造所、厩舎、皮なめし液槽、魚市場などから流される汚水や廃水、屠場から放出される血や臓物、「死体のひしめく教会墓地」を通って流れこむどす黒い水、動物の死体、腐った野菜くず等々で、テムズ川はどろどろに汚れて、名状し難い悪臭を放っているありさまが描かれている。

この物語は、一八四九年——第二次コレラ猖獗の年——に、『エディンバラ・レヴュー』第九一巻に発表された「ロンドンの給水」と、密接な関わりをもつように思われる。この記事の迫力は、コレラによる死亡率の高さを、テムズ川から供給される飲料水と関連づけて、かなり具体的に例証していることだ。例えば、ロンドン北方のハムステッドにおけるコレラによる死亡率が、一万人につき一人であるのに対して、テムズ川東部南岸ローザハイズでは、二二五人にのぼっていることが指摘されている。しかもそのうちの二一七人は、予防対策さえ講じられていたら助かっていたはずだというのである。

同じく一八四九年に、「コレラ伝染の仕方に関して」というパンフレットが刊行された。ロンドンの麻酔医として著名だったジョン・スノーが、初めて医学的見地から飲料水とコレラ発生の因果関係についての研究結果をまとめたものである。彼はその後もさらに研究を続け、一八五四年のコレラ発生時には、テムズ川南岸地域における死亡者数が、各地域における飲料水の取水部分に当たるテムズ川の汚染状況と比例するという事実をつきとめた。やはり予防対策が急務としてクローズアップされることになる。

『パンチ』第一五巻一五一ページ(一八四八・一〇・七)に掲載された「汚れたテムズ川神」は、以上のような一連の問題提起に一歩先んじたものでありながら、総括的であり、しかも最も迫力に富む。次にこの絵に添えられた韻文を抄訳する。

果てしないお前のぬるぬるのすぐそばで、／果てしないお前のヘドロのすぐそばで、／キリスト教徒の市民は吸いこんでいる、／お前の泡だつ胸からわき出る毒気を。(第二連)

市内《シティ》のあらゆる汚物廃棄物が／お前の中へ放りこまれ、／これら汚染物を、たえずかきまぜながら、／お前の流れは往き来をくり返す。(第三連)

ジョンが飲んでいる水（第一七巻一四四ページ。一八四九・一〇・一三）

ここにいうジョンとは、ジョン・ブル——すなわちイギリス国民。そのジョンが飲んでいる一杯の水をベースにして、次々と関連する一連の絵が描かれ、それに合わせて韻文の行数が一つずつ積み重なっている。イギリスの子どもの世界で親しまれているナーサリ・ライムの一形式をとって、水汚染のテーマがうたわれているのである。

THE WATER THAT JOHN DRINKS.

THIS is the water that JOHN drinks.

これはジョンが飲んでいる水.

This is the Thames with its cento of stink,
That supplies the water that JOHN drinks.

これはジョンが飲んでいる水を供給する悪臭いっぱいのテムズ川.

These are the fish that float in the ink-
-y stream of the Thames with its cento of stink,
That supplies the water that JOHN drinks.

これらはジョンが飲んでいる水を供給する／悪臭いっぱいのテムズ川の／まっ黒な流れに浮く魚たち.

This is the sewer, from cesspool and sink,
That feeds the fish that float in the ink-
-y stream of the Thames with its cento of stink,
That supplies the water that JOHN drinks.

これはジョンが飲んでいる水を供給する／悪臭いっぱいのテムズ川の／まっ黒な流れに浮く魚たちの／餌となる汚水や溜り水の流れる下水溝.

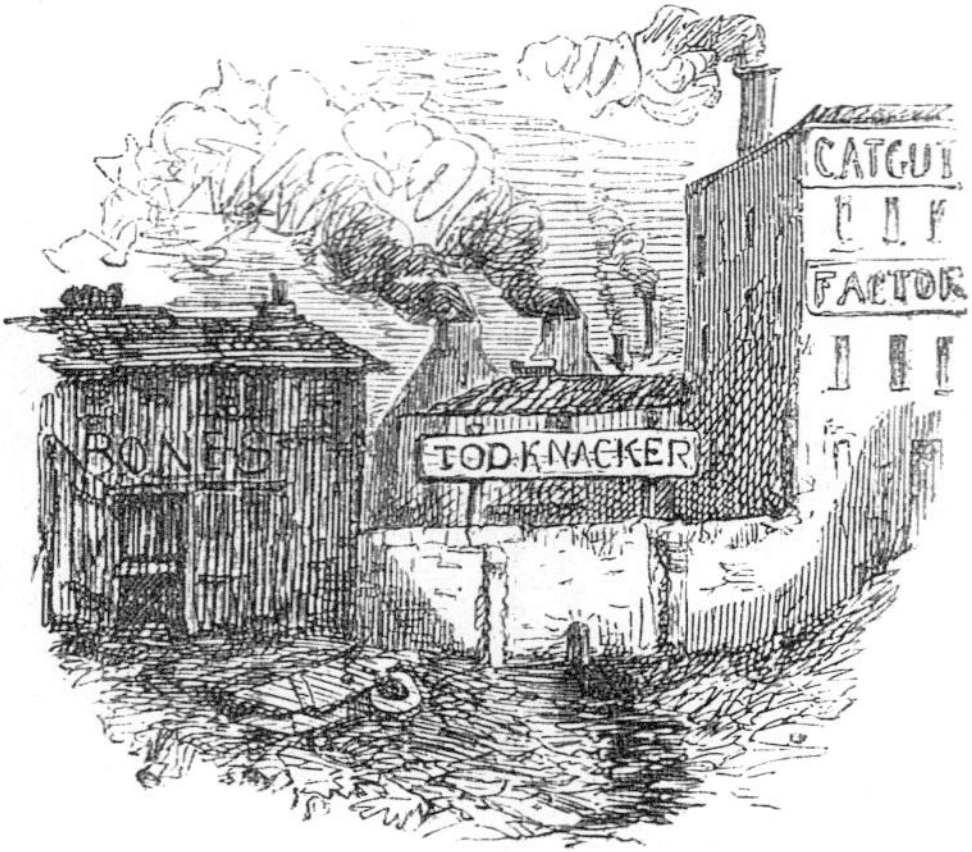

These are vested int'rests, that fill to the brink,
The network of sewers from cesspool and sink,
That feed the fish that float in the ink-
-y stream of the Thames, with its cento of stink,
That supplies the water that JOHN drinks.

ジョンが飲んでいる水を供給する／悪臭いっぱいのテムズ川の／まっ黒な流れに浮く魚たちの／餌となる汚水や溜り水の流れる下水溝網には／既得権がいっぱいついている.

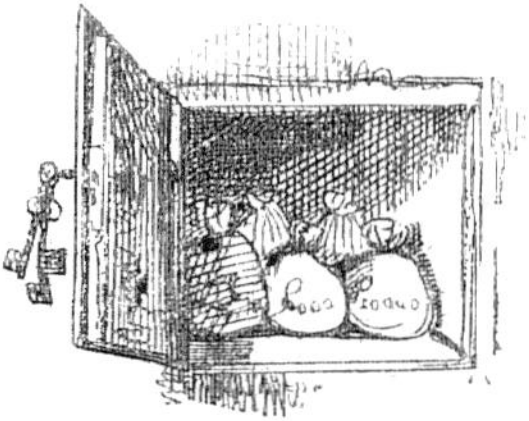

This is the price that we pay to wink
At the vested int'rests that fill to the brink,
The network of sewers from cesspool and sink,
That feed the fish that float in the ink-
-y stream of the Thames with its cento of stink,
That supplies the water that John drinks.

ジョンが飲んでいる水を供給する／悪臭いっぱいのテムズ川の／まっ黒な流れに浮く魚たちの餌となる汚水や溜り水の流れる下水溝網には／既得権がいっぱいついていて／それを見逃すための代価をわれらが払っている.

ロンドンのナルシス――または自分のきたない顔に魅せられた市参事会員（第一七巻二二九ページ。一八四九・一二・八）

清冽な泉に映った自分の顔に恋こがれて水仙の花に化したという、ギリシャ神話のナルキッソス物語をかりて、きたない川に映った自分の姿に見とれるロンドン市参事会員を描く。そして次のような物語詩が添えられている。

ロンドン・ナルシスの悲しい運命（オウィディウスの『変身物語』巻三の若干の改作による六歩格詩習作）

まずはきれいな水をたたえて流れ出したテムズ川が、パットニーあたりを境に、とうてい飲料水に使えないようなひどい汚れを呈する様子が描き出され、次いでロンドンのナルシスが登場。市のディナーに赴く途中、ふとテムズ川岸に足を止めて、水に映るわが姿に見とれる。そして――

長時間かがんだままの市のナルシスは、五感みな喜々として、／下水からのぼって鼻孔をくすぐる芳しい蒸気を見つめつつ、／そのまなざしは水面に映った魅惑のわが姿にしばられていた。／かく長時間見つめるほどに、ガスのために食欲が遠のき、／次第に弱まり薄れて、消え失せた。そして驚いたことに、／腐ったテムズの水に映った己の姿に惚れこんだあげく、／彼は吐き気をもよおし、ディナーなど考えるもいやになった！

THE CITY NARCISSUS;
Or, The Alderman Enamoured of his Dirty Appearance.

ロンドンのナルシス——または自分のきたない顔に魅せられた市参事会員

衛生問題と非衛生問題――『一八五〇年パンチ暦』より

『パンチ暦』は、一八四二年一月一日号、すなわち第二巻一号とともに発売されてたちまち時の話題となり、そのおかげで大体六〇〇〇部どまりであった『パンチ』の売り上げが、一挙に九〇〇〇部に上昇した。全一二ページ構成で、カレンダーのほかに、イギリスの社会、日常生活、風俗などと関係のあるユーモアにみちた断片と風刺画を収録した(記事と絵との関係はない)。

この一枚の上段には「骨粉砕工場」、「石鹼工場」、「廃馬屠場」などを背景に、「危険号」、「爆発号」といった満員の遊覧船の航行するテムズ川が描かれている。中央で「テムズ川神」が水をすくい上げて、その汚れのひどさを示している。

左は貧民長屋で、右は下水溝、至るところから悪臭が発散している。左端の「水飲み場」の真上の窓から汚水が捨てられているところも、当時実際にあったこととして描き込まれている。下段はもちろんテムズ川の水中で、あたり一面に浮遊し沈澱した化け物どもは、川の汚染の恐ろしさをあらわす。

これらの汚染によって魚は絶滅、そしてコレラ、チフス、猩紅熱等の伝染病病原菌が発生して、人間生活を襲うことになる、という一編のアレゴリーである。

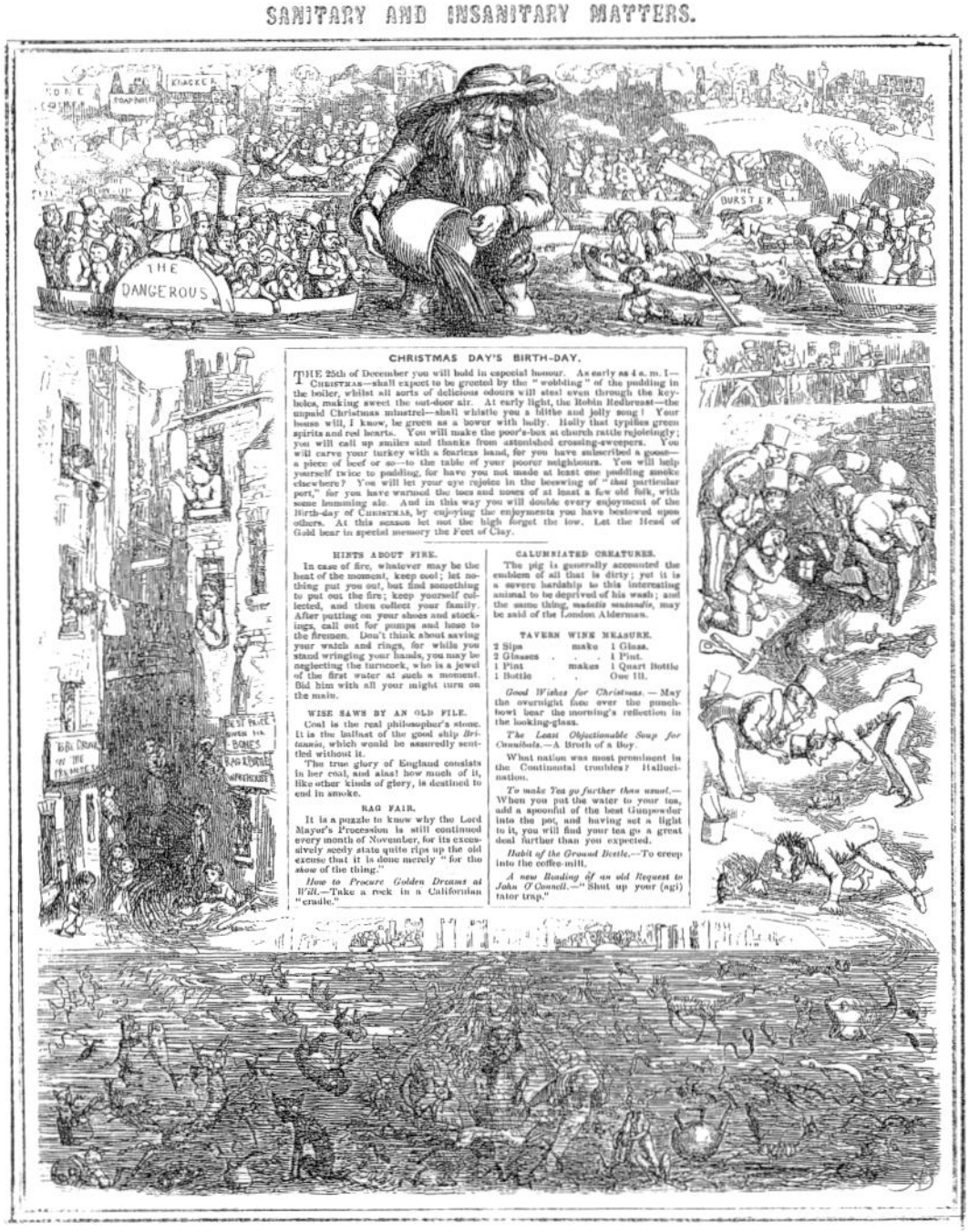

SANITARY AND INSANITARY MATTERS.

CHRISTMAS DAY'S BIRTH-DAY.

THE 25th of December you will hold in especial honour. As early as 4 a. m. I—CHRISTMAS—shall expect to be greeted by the "wobbling" of the pudding in the boiler, whilst all sorts of delicious odours will steal even through the key-holes, making sweet the out-door air. At early light, the Robin Redbreast—the unpaid Christmas minstrel—shall whistle you a blithe and jolly song! Your house will, I know, be green as a bower with holly. Holly that typifies green spirits and red hearts. You will make the poor's-box at church rattle rejoicingly; you will call up smiles and thanks from astonished crossing-sweepers. You will carve your turkey with a fearless hand, for you have subscribed a goose—a piece of beef or so—to the table of your poorer neighbours. You will help yourself twice to pudding, for have you not made at least one pudding smoke elsewhere? You will let your eye rejoice in the beeswing of "*that* particular port," for you have warmed the toes and noses of at least a few old folk, with some humming ale. And in this way you will double every enjoyment of the Birth-day of CHRISTMAS, by enjoying the enjoyments you have bestowed upon others. At this season let not the high forget the low. Let the Head of Gold bear in special memory the Feet of Clay.

HINTS ABOUT FIRE.

In case of fire, whatever may be the heat of the moment, keep cool; let nothing put you out, but find something to put out the fire; keep yourself collected, and then collect your family. After putting on your shoes and stockings, call out for pumps and hose to the firemen. Don't think about saving your watch and rings, for while you stand wringing your hands, you may be neglecting the turncock, who is a jewel of the first water at such a moment. Bid him with all your might turn on the main.

WISE SAWS BY AN OLD FILE.

Coal is the real philosopher's stone. It is the ballast of the good ship *Britannia*, which would be assuredly scuttled without it.

The true glory of England consists in her coal, and alas! how much of it, like other kinds of glory, is destined to end in smoke.

RAG FAIR.

It is a puzzle to know why the Lord Mayor's Procession is still continued every month of November, for its excessively seedy state quite rips up the old excuse that it is done merely "for the *show* of the thing."

How to Procure Golden Dreams at Will.—Take a rock in a Californian "cradle."

CALUMNIATED CREATURES.

The pig is generally accounted the emblem of all that is dirty; yet it is a severe hardship to this interesting animal to be deprived of his wash; and the same thing, *mutatis mutandis*, may be said of the London Alderman.

TAVERN WINE MEASURE.

2 Sips	make	1 Glass.
2 Glasses	. . .	1 Pint.
1 Pint	makes	1 Quart Bottle
1 Bottle	. .	One Ill.

Good Wishes for Christmas.—May the overnight face over the punch-bowl bear the morning's reflection in the looking-glass.

The Least Objectionable Soup for Cannibals.—A Broth of a Boy.

What nation was most prominent in the Continental troubles? Hallucination.

To make Tea go further than usual.—When you put the water to your tea, add a spoonful of the best Gunpowder into the pot, and having set a light to it, you will find your tea go a great deal further than you expected.

Habit of the Ground Beetle.—To creep into the coffee-mill.

A new Reading of an old Request to John O'Connell.—"Shut up your (agi) tator trap."

衛生問題と非衛生問題——『1850 年パンチ暦』より

ロンドンの水滴の驚異（第一八巻一八八ページ。一八五〇・五・一一）

リチャード・D・オールティックの『ロンドンの見世物』（一九七八）第二六章に、酸水素顕微鏡が映し出した一滴の水の実態を目のあたりに見たドイツ人、ピュックラー・ミュスカラの驚きぶりが記されている。「私たちが日々飲みこんでいる、ぞっとするような醜悪な水中の微生物……ほど恐ろしいものはない――これ以上身の毛のよだつような化け物の姿は、作り出すことさえできまい。」

『パンチ』に描かれた水滴の風刺画は、まさにこれを視覚化しているような感があるが、当然のことながら、両者の間には根本的な違いがある。『パンチ』は「化け物の姿」によって、単なる「醜悪な水中の微生物」ではなくて、市参事会員、その代理、市会議員、それに葬儀屋等々、水の汚染に関わっている責任者たちを描き出しているのである。

説明記事によると、これら微生物的人間の格好をしたものが「見出されるのは、死人を、生きている人びとの間に埋める都市の湧き水に限る。ある学説によれば、すべての生物体は、同一生物の小型体《ミニチユア》の倍数によってできているということである。教会墓地の土壌を濾過する泉の水に、市参事会員、その代理らの体が溶解状態で含まれる理屈が、それで成り立つ。分子拡大顕微鏡で調べた結果、この学説に間違いのないことが確認されたのである。」

THE WONDERS OF A LONDON WATER DROP.

The freshest fruits of microscopical research are the wonders which have been revealed in a drop of London water through the Molecular Magnifier, illuminated by the Intellectual Electric Light. For the ability to behold these astounding marvels, a certain preparation is necessary, bearing, superficially considered, some resemblance to Mesmerism. The person intended to be the Seer is placed on a seat. Any competent individual then takes him in hand, and explains to him the composition of water, showing him how the pure fluid differs from the liquid constituting the Thames, and from that which exists in the metropolitan wells, when the former has received the contents of the sewers, and the latter the oozings of intramural graveyards. Some delicate subjects, even of the male sex, cannot endure this process, it affecting them with faintness and nausea.

Having been subjected to the above preliminaries, most people are in a sufficient state of enlightenment to discover, by the aid of the Molecular Magnifier, the curiosities contained in

A DROP OF LONDON WATER.

ロンドンの水滴の驚異

テムズ川神に名刺を渡すファラデー――われわれもこのきたない老人が博学の教授に身の上相談をすることを望む(第二九巻二七ページ。一八五五・七・二一)

マイケル・ファラデーは、ハンフリー・デーヴィのもとで王立研究所の助手となり、のちに同研究所長、同化学教授となった、ファラデーの法則で知られる物理・化学者である。このカートゥーンの左ページに「船上の科学者」と題する関連記事があり、それによると、ファラデーは、テムズ川汚染を論じた書簡を『タイムズ』紙に送り、それが『パンチ』の注目を引くことになったようである。次に「船上の科学者」の主要な部分を訳出する。

〔ファラデー〕教授によれば白色の名刺をテムズ川の水中へ入れると、ほんの僅かの深さのところで見えなくなるとのこと。川は実に奇妙な――「不透明な薄褐色」……をおびているのである。……テムズ川のこのようなむき出しの下水同然の状態が長く続けば、〔悪疫によって市民の尊い〕命が失われることは必定だ。……ファラデー教授の書簡が、人命救助の面で……大きな効力を発揮するよう望んでやまない。……その書簡が、上院や市の要人たちを動かして、硫化水素の発散を防止することにより、コレラやチフスの発生が食い止められるよう切に願いたい。

PUNCH, OR THE LONDON CHARIVARI.—July 21, 1855.
FARADAY GIVING HIS CARD TO FATHER THAMES;
And we hope the Dirty Fellow will consult the learned Professor.

テムズ川神に名刺を渡すファラデー——われわれもこのきたない老人が博学の教授に身の上相談をすることを望む

テムズ川神、ロンドン美神に子どもたちを紹介——新国会議事堂の壁画デッサン(第三五巻五ページ。一八五八・七・三)

テムズ川神が紹介する彼の子どもたちは、左からそれぞれジフテリア、瘰癧《るいれき》、コレラ。新国会議事堂……については、本書三六ページを参照のこと。またディケンズの『クリスマス・キャロル』第三節の終わりのほうで、現在のクリスマスの精霊が「無知」と「貧困」という二人の子どもを示す場面と一脈相通じるところがあることにも、注意していただきたい。

テムズ川神，ロンドン美神に子どもたちを紹介――新国会議事堂の壁画デッサン

「静かなハイウェイ」・マン——金が惜しくば命を！（第三五巻一五ページ。一八五八・七・一〇）

最も有名な『パンチ』カートゥーンの一つである。普通のハイウェイ・マン（追いはぎ）であれば、「命が惜しくば金を出せ！」となるところだが、「金が惜しくば命を！」となっているのは、環境衛生改善の予算をけちる市当局に対する当てつけである。原題がTHE "SILENT HIGHWAY"-MANとなっているところが、また面白い。「死の公道（ここではもちろんテムズ川）を行く男」とも読めるし、物言わぬ追いはぎ、あるいは公道を行く物言わぬ人（＝死神）とも読める。

本の豆知識

●本の製本方法●

丸背・突きつけ

丸背・みぞつき

角背・突きつけ

角背・みぞつき

切りつけ

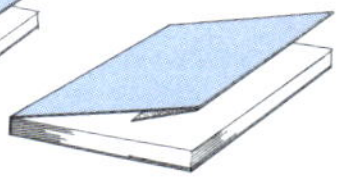
小口折り

大きく分けて上製《じょうせい》(本製本)と並製《なみせい》(仮製本)という2つの製本方法があり，本の性質によって使い分ける．並製は，英語でペーパーバック(paperback)と言われる．上製は丸背《まるぜ》と角背《かくぜ》があり，それぞれ本の開きがよくなるようにみぞを切ったみぞつきと，そのままにしてある突きつけがある．並製には，切りつけと小口折りがあり，カバーをかけるときには切りつけにすることが多い．

岩波書店
https://www.iwanami.co.jp/

PUNCH, OR THE LONDON CHARIVARI, July 10, 1858.
THE "SILENT HIGHWAY"-MAN.
"Your MONEY or your LIFE!"

「静かなハイウェイ」・マン——金が惜しくば命を！

ロンドンの水浴シーズン——さあ、おいで！　テムズ川のおじいちゃんとこへきて、きれいに洗いな！（第三六巻二四九ページ。一八五九・六・一八）

テムズ川神が話しかけているのは、全身が煤でまっ黒によごれた煙突掃除の少年。その子どもさえ鼻をつまみ、入ることを嫌がるほど、テムズ川の汚染はひどいのである。

THE LONDON BATHING SEASON.

"COME, MY DEAR!—COME TO ITS OLD THAMES, AND HAVE A NICE BATH!"

ロンドンの水浴シーズン——さあ，おいで！　テムズ川のおじいちゃんとこへきて，きれいに洗いな！

六　子どもの情景

ヴィクトリア時代は、社会的にも文学的にも、子どもの存在が初めて大きくクローズアップされた時代であった。

まず文学の世界に目を向けると、ディケンズのオリヴァー・トゥイスト、リトル・ネル、デイヴィッド・コパーフィールドといった、記念碑的子ども像が思い浮かぶ。彼らは一八世紀のピカレスク小説の伝統の中で生み出された遍歴の孤児たちではあるが、無垢、清純さといった特質を担っている点で、明らかにブレイクやワーズワスによってつくり出されたロマンティシズムの土壌の中で育っているのである。

だが、文学の世界で清純無垢な子どものイメージが喚起されたこと自体、実は、現実の子どもが苛酷な境遇におかれていたという事実を、よく物語っているのだと言ってよい。下層貧困家庭にあっては、子どもは生活費の稼ぎ手として利用されたし、中・上流家庭にあっては、家と財産を持続するための道具でしかなかった。

しかし、子どもは一般的に大人が思うほど受動的で、思うがままに利用できる存在でもなければ、無害な存在でもなかった。そして皮肉なことには、家庭性をもって国民の鑑と仰がれていた王室が、子どもの養育のことで厄介な問題を抱えこむ結果になる。『パンチ』第三九巻一八五ページ(一八六〇・一一・一〇)所載のカートゥーン「アメリカから帰りたて」は、時の皇太

PUNCH, OR THE LONDON CHARIVARI.—November 10, 1860.

LATEST FROM AMERICA.

H. R. H. Junior (to H. R. H. Senior). "NOW, SIR-REE, IF YOU'LL LIQUOR UP AND SETTLE DOWN, I'LL TELL YOU ALL ABOUT MY TRAVELS."

アメリカから帰りたて

子エドワードがとんでもない不良息子として父親と相対しているところを描き出している。キャプションに——

皇太子殿下（父上アルバート殿下に）「ねえ、父さん、酒でも飲んでゆっくり落ち着いてよ。そうすれば、旅行先であったことを全部話してあげるから。」

とある。

一八六〇年八月、オクスフォード大学在学中の皇太子（一一月九日で満一九歳）は、モントリオールのセント・ロレンス川に架けられた鉄橋の開通式と、オタワにおける連邦議会議事堂の定礎式に臨むためにカナダを訪れ、ついでワシントン、ニューヨークへと足をのばして、二か月余りの旅行を楽しんだ。謹厳実直そのものといった父親アルバートのもとで締めつけられて育った皇太子にとっては、まさに千載一遇の息抜きのチャンスであったのである。とりわけ各地で催された舞踏会で経験した遊びの味は、彼の人生に大きな影響を与えたようである。

「アメリカから帰りたて」は、このようにして大きく変身した皇太子の態度を描き出したものだが、成長期のジェネレーションをもつ父親の悩みは、王室といえども例外ではなかったのである。このあと皇太子は、オクスフォードの生活に堪えられなくなり、ケンブリッジのトリニティ・カレッジへ移されたが、もちろんそんなことで勉強嫌いが治るはずはなかった。

ついでに皇太子を描いた、もう一つのパンチ絵を紹介しておく。題して「王子さまの魚釣り遊び」(第七巻一五七ページ。一八四四・一〇・五)。両親のヴィクトリア女王、アルバート殿下にしてみれば、目の中に入れても痛くない、満三歳直前のかわいい後継ぎの王子である。説明記事にいう——

ROYAL SPORT.
It will be in the recollection of our readers that a handsome rod (which turns out to be really a fishing-rod after all), was a little while ago presented to the Prince of Wales. His Royal Highness has lately had some capital sport with this rod, having succeeded in capturing several of his Mamma's gold fish, one of which was as big as a dace and weighed six ounces. It was very nearly pulling the Prince in.
王子さまの魚釣り遊び

皇太子さまは最近極上の釣竿をお持ちになり、釣り遊びに興ぜられた。首尾は上々、母君《ママ》の金魚を釣り上げること数尾に及び、うち一尾は鯉ほどの体長と六オンスもの目方があった。これがかかったときには、危うく皇太子さまが引っぱりこまれそうになったくらいである。

教育の場における子ども

(1) アルファベットの争い(第五巻二七ページ。一八四三・七・二二)

一八三〇年代からイギリス政府はすでに、国民教育のための学校設立の推進を図ったのだが、たちまち国教会派、非国教会派、保守派、急進派の間に主導権・利権をめぐる派閥争いが巻き起こり、そのために肝心の教育政策は容易に実を結ばなかった。

『パンチ』のカートゥーンNo.2として描かれた「アルファベットの争い」は、このような実態を風刺したものである。次はその説明文である。

サー・ジェイムズ・グレアム(当時のピール内閣の内相)は、工場法案に教育に関する箇条を入れるのを断念した。国教会と非国教会間の利害争いが相手では、とうていなす術がなかったのである。皆がイギリスの幼児たちの無知を嘆いているにもかかわらず、誰一人として、彼らを教育するための活動を認めようとする者はいない。アルファベットの文字の数と同じだけの派閥が、同時に襲いかかって、一人の子どもの奪い合いを演ずるありさまであったのである。

「この右脚はわしがもらった」とAがいう。

「左脚はおれだ」とB。

「死んでもこの腕を離すものか」とCがいう。

CARTOON, Nº 2.

BATTLE OF THE ALPHABET.

アルファベットの争い

「これを離すくらいなら死んだほうがましだ！」とDがいう。

「この肩を手離すような、そんな異教徒だとでも思っているのか？」Eがいう。

「わしだって、一度つかんだこの髪を離すもんか！」とFがいう。……

そこで互いに猛烈な引っぱり合いが始まり、そのまま引っぱり合いが続けば、子どもはばらばらに引きちぎられそうになった。そこで今度は、全員諒解のもと、いっせいに手を引いた。そして子どもは、文字に煩わされることがなくなったのである。

数日後、文字と無縁になったこの憐れで惨めな子どもは、スリの疑いで捕えられた。この子を見た市法律顧問官は、いかにも学問を身につけた人らしく、発育期の子どもたちの邪悪説をひとくさり論じたのであった。

(2) 「教育問題」――「二つの腰掛けの間で尻もち」――古い諺(第一二巻一五九ページ。一八四七・四・一七)

一九世紀イギリスにおける教育機関の一つとして、任意寄付制学校《ヴォランタリー・スクール》というのがあった。教育費の払えない貧困家庭の子どもの教育のために、宗教団体から集められた寄付金によって経営される学校である。運営の面でも教育効果の面でも欠陥だらけであったこの教育制度に対して、国家の干渉が及び、改善策が講じられようとしたのだが、先に見たような派閥抗争でそれが頓挫、貧困家庭の子どもは「任意寄付制教育」の腰掛けからも、「国民教育」の腰掛けからもふり落とされる羽目になった。まさに重大な「教育問題」である。

絵のキャプションとなっている「二つの腰掛けの間で尻もち」は、「虻《あぶ》蜂取らずに終わる」、あるいは「二兎を追う者は一兎をも得ず」に相当する英語のイディオム“come to the ground between two stools”を字義どおりに取ったもの。

"THE EDUCATIONAL QUESTION."

"BETWEEN TWO STOOLS HE COMES TO THE GROUND."—*Old Proverb.*

「教育問題」——「2つの腰掛けの間で尻もち」——古い諺

（3）　教育の主役は誰か？　または、われらが「森の中の子どもたち」(第二四巻一六五ページ。一八五三・四・二三)

「森の中の子どもたち」は、古くからイギリスに伝わるバラッドで、童話としても親しまれている。

幼い兄と妹の二人の遺児を託された叔父が、彼らの受け継ぐ財産をねらって、二人の悪党を雇い、子どもたちの殺害を命じる。二人の悪党は子どもたちを森の中へつれ出したが、不憫に思った一人が仲間を殺し、子どもたちを森の中に残して逃亡する。夜になって子どもたちは死に、森に棲む赤い胸の駒鳥たちが、彼らの死骸に枯葉をかぶせてやる、という話である。

『パンチ』の絵は、幼い子どもたちを森の中につれ出した、二人の悪党ならぬ国教会右翼の高教会派(右)と非国教会派が果たし合いをしているところを描いている。そして左ページに、「古英国の森の中の子どもたち」と題するバラッド風の風刺詩が載っていて、絵と直接に関連する部分は次のようになっている。

教育の指導役を自称する二人が命をかけて
戦うあいだに、子どもらは森の中をさまよい、
すっぱい実を取ろうとして、幼い体力を使い果たし、

恐ろしい奥の奥へと迷い込んで、身心ともに暗の中。

闘士はともに弁舌の武器の駆使に長けて、相譲らず、
チャペルが教会を、あるいは教会がチャペルを制するまでに、
子どもたちは行き倒れ、『パンチ』がかの奇特な小鳥にかわり、
紙葉《リーヴズ》を骸《なきがら》に散らす間も、指導役らは死闘のまっ最中。

注・チャペルと教会は、それぞれ非国教会派と国教会派をあらわす。

WHO SHALL EDUCATE? OR, OUR BABES IN THE WOOD.

教育の主役は誰か？　または，われらが「森の中の子どもたち」

成長期《ザ・ライジング》のジェネレーション

「成長期のジェネレーション」は、ジョン・リーチが一八四七年一月二日から四月三日にかけて、『パンチ』に連載した子どもシリーズ（全一四葉）の題名として有名である。このシリーズの主人公たちは、ディケンズの小説に描かれた清純無垢な子ども像とはおよそ縁遠い、大人顔負けの、生意気な少年《ジユヴエナイル》ばかりである。まず一、二例をあげよう。

（1）　恫喝《どうかつ》（第一二巻二一ページ。一八四七・一・九）

少年「ぼくにも言い分があるよ、父さん。少しでも早く立場を理解し合ったほうが、お互いのためだぜ。若い男がいつも家にばかりおれるわけないでしょう。ぼくのやり方が気に入らねえなら、どこか部屋でも借りなくちゃ、その分毎週高くつくでよ！」

THE RISING GENERATION.

Juvenile. "I TELL YOU WHAT IT IS, GOVERNOR, THE SOONER WE COME TO SOME UNDERSTANDING, THE BETTER. YOU CAN'T EXPECT A YOUNG FELLER TO BE ALWAYS AT HOME; AND IF YOU DON'T LIKE THE WAY I GO ON, WHY I MUST HAVE CHAMBERS, AND SO MUCH A-WEEK!"

成長期のジェネレーション

（2）　いい気分（第一二巻三六ページ。一八四七・一・二三）

少年「おじさん！」
おじ「なんだよ？　これで四回目だよ、坊やに起こされるのは！」
少年「そら、火に石炭をちょっぴりくべてほしいんだ。それに、おじさん賢いんだから、そのワインをこっちへよこしてよ。」

このシリーズを別にしても一八四〇年代から六〇年代初めにかけての『パンチ』には、同じような恐るべき、あるいはしたたかな「成長期のジェネレーション」がたくさん描かれている。次にそれらのうちから三つの代表例を選んでおく。

THE RISING GENERATION.

Juvenile. "UNCLE!"
Uncle. "NOW THEN, WHAT IS IT? THIS IS THE FOURTH TIME YOU'VE WOKE ME UP, SIR!"
Juvenile. "OH! JUST PUT A FEW COALS ON THE FIRE, AND PASS THE WINE, THAT'S A GOOD OLD CHAP."

成長期のジェネレーション

（3）　健全なる忠告（第二二巻二三ページ。一八五二・一・一七）

トム坊や「おじいちゃん、モクもってる？」
おじいさん「え、なんだって、坊や？」
トム坊や「モクだよ！——つまり葉巻きタバコだよ。」
おじいさん「いや、とんでもない。そんなもの今まで口にしたこともないよ、坊や。」
トム坊や「ああ！　それじゃ今さら始めないほうがいいよ。」

SOUND ADVICE.

Master Tom. "Have a Weed, Gran'pa ?"
Gran'pa. "A what ! Sir ?"
Master Tom. "A Weed !—A Cigar, you know."
Gran'pa. "Certainly not, Sir. I never smoked in my Life."
Master Tom. "Ah ! then I wouldn't advise you to begin."

健全なる忠告

(4)　教育的指導(第四五巻四〇ページ。一八六三・七・二五)

先生「ジェレマイア・マズル君、Gold のスペルを言ってみなさい。」
ジェレマイア(年齢の割にはかなり知恵おくれ)「G-O-L-D」
先生「よくできました。では Gold って何でしょう?」
ジェレマイア「わかんねえ。」
先生(鎖のついた一眼鏡をはずして見せながら)「さあ、これはなんですか、ジェレマイア君!」
ジェレマイア「真鍮です、先生!」
(ジェレマイアは、すぐそのあと「「訂正」を認めさせられた」のであった。)

EDUCATIONAL.

SCHOOL-TEACHER. "*Now, Jeremiah Muzzles, spell Gold.*"
JEREMIAH (rather backward for his age). "*G-O-L-D.*"
SCHOOL-TEACHER. "*Right. What is Gold?*"
JEREMIAH. "*Doan't Knoah.*"
SCHOOL-TEACHER (exhibiting chain and eye-glass). "*Why, what is this, Sir?*"
JEREMIAH. "*Brass, Teacher!*"
[JEREMIAH "stood 'corrected'" immediately afterwards.

教育的指導

（5）　念には念を（第一六巻二一四ページ。一八四九・五・二六）

マライア曰く「ねえ、チャールズさん、結婚を決める前に、あなたの持ってるものをぜひ聞かせてほしいの！」

チャールズ「いいともマライア。率直に言って、ぼくのありったけの持ち物ては、太鼓とクリケットのバットだけなんだ。だけど、パパが約束してくれたんだよ。おとなしくすれば、弓と矢と、それからポニーをくれるって。」

マライア「まあ！　チャールズさん。それじゃとても家庭なんて持てっこないわ！」

NOTHING LIKE PRUDENCE.

Maria loq. "My dear Charles, before we think of Marrying, I must ask you, what you have?"

Charles. "My dear Maria. I will tell you frankly that all I have in the world is a Drum and a Cricket-Bat; but Papa has promised me a Bow and Arrows, and a Pony, if I am a good Boy.

Maria. "Oh! my dear Charles, we could never live and keep House upon that!"

念には念を

街《ストリート》の浮浪児《アラブズ》たち

（1）　煙突掃除と道路掃除の子どもたち

煙突掃除は、一九世紀のイギリスで最も憐れみを催す少年労働の一つであった。『オリヴァー・トゥイスト』にも書かれているように、五、六歳になったばかりの少年が、残忍な親方に雇われ、煤でいっぱいになった狭い煙突の中をよじ登って、命がけの仕事をやらされたのである。実際に火傷を負ったり、窒息するケースも少なくなかった。

煙突掃除の少年たちは、明け方の街に出て、家々を訪ねながら仕事を探して歩きまわるのである。ここに掲げたのは、その情景の一つ。

どっちを鳴らす？（第二九巻二三六ページ。一八五五・一二・一五）

目当ての家には「訪問客」用と「召使い」用の二つのベルがついている。さて、どちらを鳴らすべきか。

「どっちを鳴らすかって？　もち、こっちのほうときまってらあ、――もう一つのほうは、召使い専用なんだもん。」

" Ring vich ? Vy, that von, in course.—T'other's only for the Flunkies."

どっちを鳴らす？

インド情勢（第三三巻八四ページ。一八五七・八・二九）

ごみ掃除人夫「おらあ、どうも近頃のヒンドでの情勢が気に入らねえな、トミー。」
煙突掃除の親方「そうだよ、だけんど、あのきたねえ、色の黒い、いどく無知なやくざ連中じゃ、仕方あんめえよ。」

一八五七年五月にインドで発生したセポイの反乱をテーマにして描かれた漫画である。この重大な政治問題と、それが語られる場との不釣合から生ずる滑稽感もさることながら、煙突掃除の親方の言うせりふが、そっくりそのまま彼自身に当てはまるものになっているのが、なおのこと滑稽である。

石炭が燃料のすべてであった時代に煙突掃除の少年の需要が出てきたのと同様に、まだ道路事情の悪かった一九世紀のロンドンに、道路掃き《クロッシング・スウィーパー》の少年が出現した。たいていは浮浪児、または半浮浪児で、道路のぬかるみや泥を掃いて、歩行者の横断を助けることによって、チップを稼ぐのである。特に、靴まで隠れる裾の長い服を着ていた当時の女性の歩行者には、なくてはならない存在であった。因みに、ディケンズの『荒涼館』に描かれたジョーは、このようなロンドン道路掃きの少年として、不朽の名を残している。

Dustman. "*I don't quite like the looks o' this ere Hingia bisnis, Tommy.*"
Sweep. "*No ; but it's jist wot yer might expeck from sich a parcel o' dirty black hignorant scoundrels as them.*"

インド情勢

人込み（第四二巻・一八六二年「パンチ・アルマナック」）

少年「馬車なんかねえんだよ、奥さん。さあぼくの腕につかまってよ、向うへ渡してあげるから。」

THE CROWDED STREETS.

Boy. "Now, Missus. There's no Busses, Kitch 'old of my Harm, and I'll take yer Over

人込み

おせっかい（第四三巻一〇ページ。一八六二・七・五）

道路掃きの少年のとんだおせっかい——きたない、べとついた箒で絨毯は泥だらけ、威厳ずくめの雰囲気が、すっかりぶちこわされてしまった。

Officiousness of a horrid little Crossing-sweeper, soiling the Carpet with his nasty filthy Broom, and completely upsetting the Dignity of the whole thing.

おせっかい

（2） 逆立ちの浮浪児たち——『パンチ暦』一八六〇年

遊びも楽しみも何もなかったロンドンの浮浪児たちは、ただで楽しめる彼ら自身の遊びを考え出した。その一つが逆立ち遊びで、これが一時大はやりであった。が、大道でもどこでも、特にぬかるんでいるところで、集団でこれをやられたのでは、歩行者には大変な迷惑であった。一八六〇年の『パンチ暦』(第三九巻)には、このようすが描かれている。そのキャプションにいう。

かの尊敬すべきミスター・パンチが馬に乗って外出、大通りでの逆立ちを巧妙な奨励すべきパーフォーマンスだという意見の、さる治安判事(「ビーク」ともいわれる)殿と同じように考えるわけにはとうていいかなかった。

PUNCH'S ALMANACK FOR 1860.

THAT ESTIMABLE MAN, MR. PUNCH, GOES FOR A RIDE ON HIS COB, AND CANNOT AGREE WITH A CERTAIN WORTHY MAGISTRATE, OR "BEAK," THAT STREET TUMBLING IS AT ALL A CLEVER, OR DESIRABLE PERFORMANCE ;–

逆立ちの浮浪児たち――『パンチ暦』1860年

賢明な選択（第三〇巻一八〇ページ。一八五六・五・三）

少年「頭を逆さにして立って見せるから、半ペニーおくれ、おばちゃん！」

老婦人「いやなこと言う子だねえ。——一ペニーあげるから頭を上にしたままで立っていてよ！」

JUDICIOUS.

Little Boy. "STAND ON MY HEAD FOR A HA'PENNY, MARM?"
Old Lady. "NO, LITTLE BOY.—HERE IS A PENNY FOR KEEPING RIGHT END UPWARDS!"

賢明な選択

望遠鏡的博愛(第四八巻八九ページ。一八六五・三・四)

望遠鏡をのぞくのは、大英帝国の象徴であるブリタニアで、当時のイギリスが行なっていた、遠くアフリカに向けての救済政策をあらわす。ロンドンの、つまり膝もとの浮浪児《アラブ》たちの一人が、母なるブリタニアのローブにしがみついて、訴えている。

ロンドン浮浪児「お願い、かあさん、ぼくたちこんなに黒いのに、まだかまってもらえないの?」

そして左ページに、「あなた自身の黒い肌の子」という関連詩が添えられている。

ぼく、こんなに黒いのに、まだかまってもらえないの?
ぼく黒人の子じゃない、これはほんとう、
でも軍隊や艦隊がかり出され、
宣教師が送り出されるのを見ると、
言いたくなる、ぼくも全身よごれでまっ黒、
あなたがぼくの肌の色を見れば、

PUNCH, OR THE LONDON CHARIVARI.—MARCH 4, 1865.

TELESCOPIC PHILANTHROPY.

LITTLE LONDON ARAB. "PLEASE 'M, AIN'T WE BLACK ENOUGH TO BE CARED FOR?"

(*With* MR. PUNCH'S *Compliments to* LORD STANLEY.)

望遠鏡的博愛

アフリカ黒人と思うでしょう、
　内側もあまり明るくはないのです。

ぼく黒人ではないけれど、そう見える、
　何かならったことといえば、ただ一つ、
お巡りさん見たら、すぐにずらかって、
　へたにつかまるのをさけること。
ぼくたちどこから見ても互いにそっくりで、
　どんな理屈があるにしても、
一方が人間できょうだいであるならば、
　ぼくだって子ども、人の子じゃいけないの?
……

興味深いのは、ディケンズの『荒涼館』第四章がやはり「望遠鏡的博愛」という題で書かれているということだ。ここに「いつもアフリカを見すえている」ような、ミセス・ジェリビーが紹介される。彼女は家事や子どもたちの世話を、いっさいほったらかして、専らアフリカの原住民の救済・教化事業に熱中しているのである。『パンチ』は、明らかにこれをパロディ化して、国家レベルでの「望遠鏡的博愛」を描きあらわした。

七　女性解放への道——ブルーマー旋風

ERICAN CUSTOM.

リカの風習

BLOOMERISM—AN

ブルーマリズム

一八五一年、万国博覧会で賑わっていたロンドンに、アメリカから数人の珍しい客が訪れた。アメリカにおける禁酒運動とフェミニズム運動の指導者として知られたアミーリア・ブルーマー(一八一八―九四)と、彼女の仲間たちである。一行は、古い制度に縛られていたイギリスの女性たちの間で、意義ある啓蒙運動を展開できるはずであった。

ところが彼女らは、少なくともロンドンのジャーナリズム界からは、風刺の対象としてしか注目されなかった。その頃に流行していたイギリスの婦人服――とりわけ次章で取り上げるクリノリンとは、あまりにもかけ離れた、奇抜な服装をしていたからである。

日本でもなじみの深い「ブルーマー」が、ブルーマー夫人の名に因んで一般化したことはいうまでもないが、この衣裳の発明者が彼女であったというのではない。それを最初に考案したのは、リビー・スミスというアメリカ女性であった。

長いたるんだ東洋風のパンタロンと短いスカートから成るこのスタイルは、やがてリビーの従姉妹で、女性解放運動に熱心であったエリザベス・ケイディ・スタントンの関心をひきつけるところとなり、彼女を通じて、ブルーマー夫人に伝えられたのである。ブルーマー夫人は、当時彼女が編集に当たっていた禁酒とフェミニズム運動のための雑誌『ザ・リリー』にこの服装を紹介、たちまちのうちに大評判となって、「ブルーマーズ」という名称が生まれる結果になった。

しかし、「女は男の着物を身につけてはならない」(旧約申命記二二、五)という掟を墨守していたかのようなヴィクトリア朝社会には、このスタイルが根づくはずもなかった。流行といってもせいぜい六か月間、その間に『パンチ』は「ブルーマリズム」の名のもとに、痛烈な風刺キャンペーンを展開した。「ブルーマリズム――アメリカの風習」(第二一巻一四一ページ。一八五一・九・二七)は、その最も代表的なものである。

見るからに不敵な二人のアメリカ女性が、ブルーマリズムに付きものと見なされていた葉巻きタバコをふかしながら、ロンドンの通りをねり歩く姿を描いたカートゥーンである。対照的に「不便な」服装の二人のイギリス女性から、驚きと軽蔑のまなざしを向けられ、街の悪がき連中からやじられても、彼女らはもとより平気、というよりむしろ得意のようでさえある。

女性の解放――男女同権主義《ストロング・マインデッド》のアメリカ女性から絵とともにパンチ氏に送られた手紙（第二一巻三ページ。一八五一・七・五）

ブルーマリズムの『パンチ』絵第一号である。本文およそ八〇〇字に及ぶ「手紙」の差出人は、「合衆国ボストン在住で、この知的都市における女性の精神啓発を目ざした同毒療法《ホメオパシー》高等教育機関、トムソーニアン学院院長セオドシア・ユードクシア・バング」という名の女性。同毒療法というのは、病原因子と同じ性質の薬物を少量投与する治療法を意味するが、これを健康体に与えると、その病気に似た症状を起こす。そこでこの薬物に相当するのがブルーマーであると考えれば、手紙にいう「高等教育機関」の目的は、アメリカ女性の間にブルーマー症状を起こすことであることが、明らかになる。そして差出人の名前は、男性名のセオドアと女性名のユードシアを多少変形させて重ね合わせ、それに「バング」（＝衝撃）をつけ加えたものであろう。

以下、絵の説明を兼ねて、手紙文の後半部分を訳出しておく。

私たちは、封建制度下の数ある奴隷の象徴の中でも、特に、不便なヨーロッパの婦人服からの解放を目ざした運動を進めております。機能的に男性と変わらない私たちは、衣服の面で、特に下半身末端部に着ける衣服に対して、平等の権利を主張してきました。この偉大な

WOMAN'S EMANCIPATION.

(Being a Letter addressed to Mr. Punch, with a Drawing, by a strong-minded American Woman.)

女性の解放——男女同権主義のアメリカ女性から絵とともにパンチ氏に送られた手紙

象徴的衣服とともに、私たちは他にいくつかのもの——帽子、葉巻き、腰をしぼった丸裾の上衣などを取り入れました。解放されたアメリカ女性の衣服は、たいそう格好がよい——男っぽく自主的であると同時に、あらゆる点でよく似合うと一般的に評価されています。合衆国ボストン在住の市民仲間で、有能なインクリーズン・ターボックスの描いた一枚の絵を同封しましょう。これは私の主宰のもと、自他ともに認める進歩思想の、有能な女性たちの支援を受けて刊行されている定期刊行物『自由な女性の旗じるし』のために描かれたものです。

私は自信をもって、私たちが進めている闘争に共感と支援を寄せてくれるよう、旧世界の姉妹たちに訴えたいのです。この闘争が、やがて彼女たちの間にも広がって行くことは必定です。というのも、私は広い大西洋を渡る使命をおびているのを感じており、今〔万国博開催期間中〕は割引料金の蒸気船が往来しているときでもあるからです。ロンドンのハイド・パークに建つ水晶宮の屋上に、女性解放旗を掲げたいと思います。二股に分かれたその旗の形を見て、無知な人間は嘲り笑うかもしれません。でもきっとやって見せます。マホメットは妻ハーディジャのペティコートを掲げて戦いました。アメリカの女性解放論者も、男性用のものとされている夫の衣服を掲げて、聖戦に向かって行進するのです。万国博覧会場の合衆国館に入れば、旧祖国イギリスの姉妹たちも、女性の自由を表す制服が展示されている隣りに、私たちの旗じるし——同封の絵はそれを代表しているといってよいのです——が目につくはずです。——この服装、ひと月間は殉教の憂き目を見るでしょうが、未来永劫、勝利に輝くのです！

ブルーマー・スタイル大歓迎（第二一巻一六〇ページ。一八五一・一〇・一一）

老婦人その一（ブルーマー服の画を見ながら）「あら、いいじゃない。ちっともおかしいところなんか、ありゃしないわ。わたし、これにきめたわ。」

老婦人その二「わたしのほうは、きまったしきたりなんて、聞いただけでも嫌気がするの。それで、新しい服は全部そこにあるような、合理的なスタイルで作ってくれるように頼んだの！」

アメリカのブルーマー主義者たち――アミーリア・ブルーマー、ケイディ・スタンドン、リビー・スミス――が既婚の魅力ある女性であったのに対し、『パンチ』はきまって、ブルーマリズムを未婚女性と結びつけた。ここに描かれた二人も、とっくに婚期を逸した老嬢である。その上どの点から見ても美人とはいえない。体つきからして対照的なこの二人の老嬢とブルーマー・スタイルは、どう考えても釣り合いがとれない。ましてや彼女らがブルーマー・スタイルで街を歩く姿は想像を絶する。

APROPOS OF BLOOMERISM.

No. 1. (*who is looking at the Print of the Bloomer Costume*). "WELL, NOW, UPON MY WORD, I DON'T SEE ANYTHING RIDICULOUS IN IT. *I* SHALL CERTAINLY ADOPT IT."

No. 2. "FOR MY PART, I SO THOROUGHLY DESPISE CONVENTIONALITY, THAT I HAVE ORDERED ALL MY NEW THINGS TO BE MADE IN THAT VERY RATIONAL STYLE!"

ブルーマー・スタイル大歓迎

舞踏室《ボール・ルーム》のブルーマリズム（第二一巻一八四ページ。一八五一・一〇・二五）

ブルーマー「次のポルカのお相手をさせていただいていいかしら？」

もちろんブルーマリズムによって生ずる、男女の役割の逆転現象を茶化したものである。ヴィクトリア朝社会にあっては、あり得ないことであっただけに風刺のパンチがきついわけである。『パンチ』はさらに、このような役割の逆転が結婚や家庭生活に及んだ場合を想定して、次に見るような三様の絵を描きあらわした。

BLOOMERISM IN A BALL-ROOM.

Bloomer. "MAY I HAVE THE PLEASURE OF DANCING THE NEXT POLKA WITH YOU?"

舞踏室のブルーマリズム

ブルーマリズムの喜ばしき結果の一つ——男性に求婚する女性がふえたこと（第二一巻一九二ページ。一八五一・一二・一）

抜きんでた女「ねえ！　言ってよ、大好きなあなた！　わたしの夫《もの》になってくださるわね？」

男の返事「それでしたらどうか、ママに聞いてくれませんか！」

ブルーマリズムにひっかけて、女がどんどん強く勇敢になっていくのに反して、男が限りなく駄目になっていくありさまを、求婚のシーンによってあらわしている。ヴィクトリア朝にあっては、仰天すべき出来事であった。

女から求婚されて「ママに聞いてくれ」は、あまりにも意気地がなさすぎるというものだが、世界のどこかには、似たような男の子が現にいるのではないか。

You must really ask Mamma!

ONE OF THE DELIGHTFUL RESULTS OF BLOOMERISM.—THE LADIES WILL POP THE QUESTION.

Superior Creature. "SAY! OH, SAY, DEAREST! WILL YOU BE MINE?" &c., &c.

ブルーマリズムの喜ばしき結果の1つ——男性に求婚する女性がふえたこと

ブルーマリズム！（第二一巻一八九ページ。一八五一・一一・一）

今度は結婚後の家庭における夫婦の立場の逆転を描いた風刺画である。

男女同権主義の女性「ねえ、たのむわよ、アルフレッド。そんなくだらない小説なんか読むのやめて、なにか合理的なことをおやりよ。ピアノでも弾けばどうなの。結婚してから、ちっとも稽古しなくなったじゃないの。」

この風刺画の意味する逆転をより明確に把握していただくために、アルフレッド・テニソンの『プリンセス』第五編の一節を引いておこう。

男は戦場へ女は炉辺へ、
男は剣を女は針を、
男は頭で女はこころ、
男の命《めい》に女の服従、
ほかはすべて混乱のもと。

BLOOMERISM!

Strong-Minded Female. "Now, do, pray, Alfred, put down that Foolish Novel, and do Something Rational. Go and play Something on the Piano; you never Practise, now you 're Married."

ブルーマリズム！

ヴィクトリア朝社会における因習的男女の役割を表現したものとして、よく引き合いに出されるくだりである。「ブルーマリズム！」の女は、もちろんとっくに「炉辺」を離れ、「針」を捨てており、男は「剣」を執る能力を失っている。そして「男の命《めい》に……」が「女の命に男の服従」の構図に置き換えられることによって生ずる、さまざまな「混乱」が示唆されているようである。

因みに、説明文中の「合理的なこと」は、テニソンの詩の「頭」に通じる。そしてピアノ(音楽)の稽古は、写生や刺繡とともに、若い女性が花嫁修業の必修科目として行なうものであった。女が男に「ピアノでも弾けば」、と命ずること自体、そういう意味で痛烈な皮肉を含んでいるのである。

関連して、この絵と同じページに掲載されている「ブルーマー異変」という『パンチ』のエッセイを紹介しておく。ブルーマリズムとともに、女性解放、女性の社会進出の気配を茶化した戯文だが、それから遠い道のりをへた今日から見ると、逆に案外予言的な現実性を感じさせる一面がある。「ブルーマー」が転じて進歩的女性の代名詞として用いられている後半部分を訳出しておくことにする。

ズボンとともに社会的・政治的自由が到来する。足手まといの屈辱的なペティコートを捨てよ、そうすれば女は解放されるのだ——かつての主人《ロード》と同等になれるのだ。

「かの山のニンフ、美《うるわ》しの自由の女神」（ミルトンの詩「ラレグロ」の一行――編者）は、いっきょに小さな衣服をまとうことによって、権利の主張に乗り出しているのだ！

ソーホー・ブルーマーが言うには、「一九世紀こそ、女性が意志を貫けるようにならねばならない時代だ。しかも女性の力が十分に発揮できる段階には至っていない。」しかし、妥協は考えられないのだろうか？　男はすべてを譲り渡すべきなのだろうか？　半分と半分という案を考えてみてはどうだろう。例えば、貴族院《ハウス・オヴ・ローズ》を貴族・貴婦人院《ハウス・オヴ・ローズ・アンド・レディス》に拡大することができるのではないか？

……………

ブルーマーたちはあらゆる面で意志を貫こうとしている。しかもそれは至極当然のことであるので、極めて切実で繊細な問題に関する二、三の愚問をここに提示することをお許しいただきたい。

まず恋愛関係について、――結婚を申し込むのはブルーマーであるべきか？

次に結婚式において、――男がブルーマーに従うことを誓うべきか？

最後に――（質問するのも恥ずかしいことながら、提示しないわけにはいかない）――男がブルーマーとの結婚に同意した場合、お小遣いはいくら出してもらえるのか？

ミスター・パンチは鶴首して、ひたすら明確な回答を待ち望むものである。

ブルーマーにとっての難問（第二一巻二〇八ページ。一八五一・一一・七）

老紳士「あなたの申し入れを受けて、息子との結婚に同意するかどうかを決める前に、一つお尋ねしたいことがある。それはつまり、あなたは――ええと――あの――息子が――その――なんですな――今までどおりの服装でおれるようにしてやるのかどうか、ということです。エヘン！」

すでにお気づきのように、『パンチ』のブルーマリズム風刺キャンペーンは、すべて一八五一年七月以降に集中している。そしてこの年の一一月二九日号所載の「仕立屋に対するブルーマー族の訴え」を最後に、ブルーマリズムはさんざんからかわれたあげくに、『パンチ』からも、民衆の視界からも、完全に姿を消すことになる。

本場のアメリカにおいても、ブルーマー・スタイルそのものは、その後あまり長続きしなかったようであるが、どういう経路をへてか、「ブルーマー」という語が日本に渡来し、定着していることは、周知のとおりである。しかし、一般的には女学生のスポーツ用パンツを意味するこの名称が、実は一八五一年の一時期に、かくも『パンチ』のページを賑わしたアメリカの一フェミニストの名に因むものであることは、案外知られていないのではないか。

A POSER FOR A BLOOMER.

Old Gentleman. "Before I can Entertain your Proposal, and Give my Consent to your Marrying my Son, I must ask you, Whether you are in a Position—a—to—a—Keep him in the Style to which—a—I may say—He has always been Accustomed? Ahem!"

ブルーマーにとっての難問

八　ファッションの季節——クリノリン・スタイル

RE 'S THIS HERE GAL A GOIN' TO SQUEEGE HERSELF INTO
OM!"

34
PUNCH, OR THE
Impudent Boy. "I SAY, BILL! COME AND SEE THE CONJUR
THAT TI

手

一八五〇年代のイギリスの豊かさを象徴する現象の一つとして婦人服のファッションをあげることができる。ファッションは、ゆとりある生活のシンボル。実用性から遠ざかれば遠ざかるほど、ファッションはファッションとしての誇りが高くなる。というわけで、余暇とともに、あるいはあり余る余暇を装う意識の高まりとともに、非実用的な服装が流行し、できるだけ活動に不便な服装を着こなすことが、地位とゆとりのある証しと思われるようになった。ロンドン万国博覧会開催後まもなく、クリノリンが流行するようになった理由がよくわかるのである。先のブルーマーの流行がわずか六か月で過ぎ去ったのに対し、こちらは八年間にもわたって、ヴィクトリア朝の女性たちの心をとらえ続けたのである。

クリノリンとは、『パンチ』の絵を一目見れば分かるように、フープを数段に組み立ててこしらえた、硬いペティコートのことである。これらのフープはもともと馬の尻っぽの毛や綿糸などを編んで作られていたが、普及率が高まるにつれて、鯨のひげや鋼鉄で作られることが多くなった。

したがって、クリノリン・スタイルは、まるで針金で編んだ底のない籠を下半身につけて、その上に超ロングスカートを重ねた形になる。身動きが拘束されるばかりでなく、往々にして火災の危険が伴っていたというのも、無理のない話である。軽くて燃えやすい生地のドレスには、特に暖炉やロウソクの火が燃え移る危険性が高かった。風通しよくふくらんだスカートの裾が、うっかり火に触れようものなら、それこそ一大事となる。舞踏室などでは実際に、このような惨事が少なくなかったようである。

また『パンチ』第三一巻、一八五六年八月一六日号には、狭いアーケードに入りこんだクリノリン婦人が、両側の店頭に並べられたガラス製品をなぎ倒して、莫大な損害賠償を請求されたという風刺記事が載っているが、これもおそらく事実無根ではなかったはずである。

いずれにせよ、クリノリン流行のもたらした悲喜劇を、最も心ゆくまで楽しんだのは『パンチ』であった。一八五〇年代後半から六〇年代初めにかけての『パンチ』のページは、いろいろな場でのクリノリン風景の傑作で賑わっている。ここに掲げた「手品師」(第三一巻三四ページ。一八五六・七・二六)のシーンも、そのうちの一つである。キャプションに言う。

生意気な少年「おい、ビル、見ろよ！　手品がはじまるぜ——このねえちゃんがよ、今にあの狭い馬車《ブルーム》の中にうまく乗りこんでみせるから！」

言うは易く行なうは難し（第三一巻二二四ページ。一八五六・七・一九）

戸主「おい、フレッド、頼みがある――ディナーの用意ができたら、いいかね、あのファービローの奥さんを階下へ案内してくれ！」

『パンチ』におけるクリノリン風刺画第一号である。確かに「行なうは難し」であるが、別のところにこれを安全にやりとげる方法が、「婦人を階下のディナー席へ案内する最も安全な方法」（第四七巻一四〇ページ。一八六四・一〇・一）という題のもとに、描かれている。

EASIER SAID THAN DONE.

Master of the House. "OH, FRED, MY BOY—WHEN DINNER IS READY, YOU TAKE MRS. FURBELOW DOWN STAIRS!"

言うは易く行なうは難し

THE SAFEST WAY OF TAKING A LADY DOWN TO DINNER.

婦人を階下のディナー席へ案内する最も安全な方法

婦人それぞれの乳母車（第三一巻七七ページ。一八五六・八・二三）

最近流行の硬くて大きくふくらんだ衣裳を、装飾的かつ実用的に活用する方法についての一案（?）

非実用的なことこの上ないクリノリンの実用化の方法を漫画化したものだが、子どもは子どもなりのブルーマー・スタイルであるのと、「乳母車」も、子どもの遊び道具もすべてが、クリノリンの骨組みと同じフープづくしになっているところがミソ。

EVERY LADY HER OWN PERAMBULATOR.

A PLAN PROPOSED TO RENDER THE PRESENT STIFF AND IMMENSE DRESS USEFUL AS WELL AS ORNAMENTAL (!)

婦人それぞれの乳母車

フープ違い（第三一巻二一四ページ。一八五六・一一・二九）

一八五〇年代の半ば頃の一時期、子どもたちの間にフープ転がし遊び（男の子は金属製のもの、女の子は木製のものをもって）がはやった。前項で見たように『パンチ』には、それらのフープとクリノリンのフープとを結びつけて滑稽化した漫画が、いくつかあらわれた。「フープ違い」もその一つである。

巡査（男の子に向かって）「さあ、さあ、そのフープをどけて！　でないと、わしが自分でやるぞ！」

婦人（自分に対して言われたと思って）「野蛮人！」（クリノリンをたくし上げて、急いで立ち去る。）

214　　PUNCH, OR THE LONDON CHARIVARI.　　[NOVEMBER 29, 1856.

Police Constable (*to Boy*). "NOW THEN, OFF WITH THAT HOOP! OR I'LL PRECIOUS SOON HELP YOU!"
Lady (*who imagines the observation is addressed to her*). "WHAT A MONSTER!"　　[*Lifts up the Crinoline, and hurries off.*

フープ違い

社交界人生についての未発表小説断片（第三一巻二一〇ページ。一八五六・一一・二二）

表題から判るように、この絵は一つの物語と対になっている。

クリミア戦争から二年ぶりに帰還したアルジャノン・フィッツピムリコが思いがけないところで、昔なじみのレディー・レタスとめぐり合った。彼女のほうから優美なことこの上ない手を差し出すのだが、こちらの手が届かない。

「あのかわいい手をもう一度握ることができるのであれば、名前も名誉も、土地も肩書も飾り物も、何もかも投げうってもよいと思っているくらいなのに……だが、彼女の体を中心に周囲に広がって、彼と彼の魂の偶像ともいうべき相手との間を雲の堤防のように遮《さえぎ》っている、あの魔法の円環の仕切りから内側へ一歩でも近づくことは、かのパルナッソス山に登るより困難なことだ。」

「突如として電光にも似た閃きとともに、消沈の様子であった彼の目は、勝利の色に輝く——咄嗟の妙案が浮かんだのである。彼はたくましい腕をのばして……持っていたこうもり傘の柄《え》の曲がった先をそばの電柱に絡ませ、その立派な体軀を四十五度に傾けて絶妙のバランスをとった。そして、その状況のもとで、あらん限りの上品な態度をもって彼は——」云々。〔ここでページが変わる。〕

210　PUNCH, OR THE LONDON CHARIVARI.　[NOVEMBER 22, 1856.

FRAGMENT OF AN UNPUBLISHED NOVEL OF FASHIONABLE LIFE.

社交界人生についての未発表小説断片

ている。

最近の強風の中での情景描写(第三一巻二五〇ページ。一八五六・一二・二〇)

師走に吹く強風のために、クリノリン、雨傘もろともにマッタケ状態になったところを描いている。

『パンチ』カートゥーンの最大の特徴は、いわゆる流行服装絵図《ファッション・プレイト》などとは逆に、流行の服装をできるだけ悪い状況において、できるだけ滑稽に描き出そうとしていることである。ファッション・プレイトにおいて、服装をできるだけ華やかに見せるために誇張が必要であったと同じように、カートゥーンにも誇張はつきものであったが、もちろんその方向も意図も、正反対である。しかも真実性という点においては、カートゥーンも、決してひけはとらない。それどころか、強風のときにクリノリンがどのようになるのか、その様子を露骨に描き得たのは、『パンチ』をおいてほかにないのである。

『パンチ』第五一巻一三九ページ(一八六六・一〇・六)にも「海浜ヒルガオ」という題で同じたぐいの絵が描かれている。その説明に言う。

図に見るようなデリケートな一年生植物がこの秋、海浜のいたるところで数限りなく見られた。この植物は、吹きさらしの場所で大荒れの天候のときに、一番大きな花を咲かすという特性を有する。

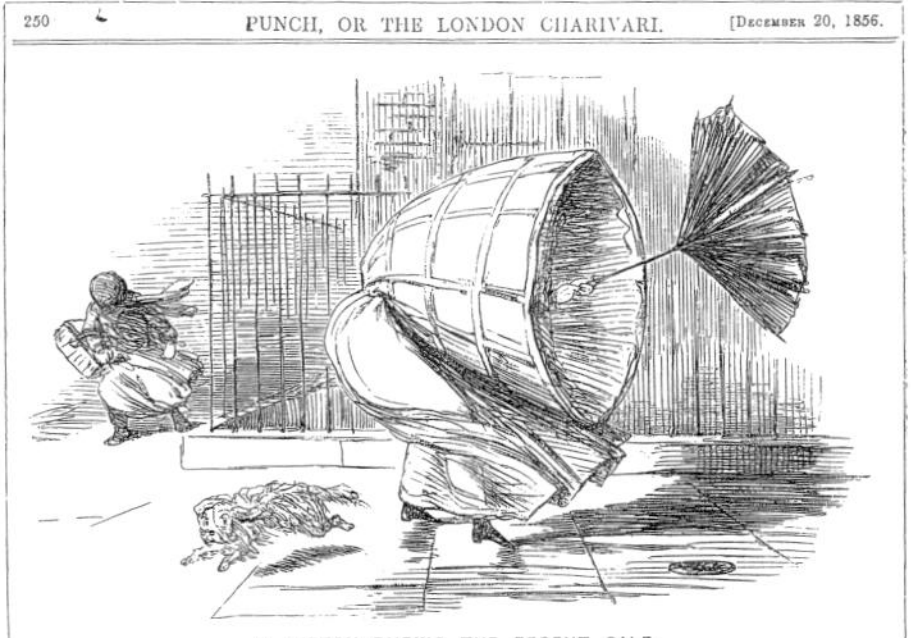

A SKETCH DURING THE RECENT GALE.

最近の強風の中での情景描写

CONVOLVULUS SEASIDEIENSIS.

"THIS DELICATE ANNUAL HAS BEEN SEEN IN GREAT ABUNDANCE THIS AUTUMN ALL ROUND THE COAST. IT FLOURISHES BEST IN EXPOSED SITUATIONS, AND DURING INCLEMENT, WINDY WEATHER."—*Vide "Jolly Gardeners' Chronicle."*

海浜ヒルガオ

護身用オーバーコート(第三一巻二五一ページ。一八五六・一二・二七)

ミスター・トレンブル(「震える」の意味でいかにも臆病者――編者)は妻のクリノリンからヒントを得て、彼のいわゆる「特許　絞殺強盗防止オーバーコート」なるものを考案した。これを着ている限り、彼は危害の手がのびるのを恐れることなく、一〇〇パーセント安全にシティから歩いて帰宅できるのである。

一八五二年頃から、ロンドンの夜道に「絞殺強盗《ギャロット》」が出没して、人びとをおびえさせた。『パンチ』第三一巻一九四ページ(一八五六・一一・一五)に、「ギャロット万歳!」という全四連のバラッドが載っている。参考のために、その第二連を訳出しておく。

世の連中はお天道さまの明るいときに出歩くが、／おいらには暗い夜がむいてるんだ、ちょっぴり霧のかかったたそがれどき、／ポリ公らが茶をすすってる頃も悪くねえ、／おれと仲間がつれだって獲物見つけにご出勤、／「あり金を出せ!」なんて当世はやらねえ、／大方うしろから襲って、のど絞めだ!

それがおいらの流儀なのさ――ギャロット万歳!／万々歳!

DECEMBER 27, 1856.]　PUNCH, OR THE LONDON CHARIVARI.　251

MR. TREMBLE BORROWS A HINT FROM HIS WIFE'S CRINOLINE, AND INVENTS WHAT HE CALLS HIS "PATENT ANTI-GAROTTE OVERCOAT," WHICH PLACES HIM COMPLETELY OUT OF H-ARM'S REACH IN HIS WALKS HOME FROM THE CITY.

護身用オーバーコート

ヤドリギの下で（第三二巻一〇ページ。一八五七・一・三）
オーガスタスから見ると、クリノリンは何とも腹の立つ憎いやつである。
イギリスでは、クリスマスのヤドリギの飾りの下で、男が女にキスをしてもよいという習慣がある。

UNDER THE MISTLETOE.

AUGUSTUS THINKS CRINOLINE A DETESTABLE INVENTION.

ヤドリギの下で

鎧すがたの美人（第三三巻二三ページ。一八五七・七・一八）

この絵は、次に見る記事のカットとして描かれている。

最近のクリノリン流行は、まさに前例のない狂乱の態である――『タイムズ』紙の次の記事をご覧いただきたい。

クリノリン――シェフィールドの某会社は、クリノリン用延圧鋼四〇トンの注文を受け、外国に向けて毎週一トンの割合で数週間分を発注した。

上記記事からも判るように、女性たちは今や鎧で身を包んでいる――鎖かたびらのクリノリン、あるいはこういう言い方を許してもらえるならば、女用鎖かたびらを身につけているのだ。……この堅牢なペティコートが、さまざまな危険状況において、護身の役に立つものだとしても……それらの着用が生命の危険に関わる場合が、一つある。すなわち雷に襲われたときだ。そんなときには、分別のある若い女性なら――もっとも、このような途轍もない衣服をまとっている若い女性に、分別があればの話だが――直ちに鋼鉄製クリノリンを脱いで、電光を引きつけないようにすべきである。そしてそうすることこそが、クリノリン着用者に人の目を引きつける唯一の方法なのである。

BEAUTY IN ARMOUR.

鎧すがたの美人

もっともな結論（第三五巻五四ページ。一八五八・二・六）

レディー・クリノリン「ほんとだわね——なんて美しい教会だこと。でも入口があんまり狭すぎるわ！」

婦人服の流行にもいろいろな変遷があったけれども、クリノリンほど非実用的なものはなかった。それだけにまた、それは絶好の風刺の対象にもなったのである。

「有閑婦人」の名と引き換えに、クリノリン女性は日常生活の中で、測り知れない不便を堪えしのばなければならなかった。今まで見てきた例からも判るように、階段も馬車も、そして椅子も劇場のボックスも、俄然狭くなってしまったのである。この絵に描かれた教会の入口はなるほど狭く見える。が、それはその入口が実際に特に狭く造られているというよりは、クリノリンのために生じた「もっともな結論」なのである。

54　PUNCH, OR THE LONDON CHARIVARI.　[February 6, 1858.

A WHOLESOME CONCLUSION.

Lady Crinoline. "Yes, Love—a very Pretty Church, but the Door is certainly very Narrow!"

もっともな結論

乗合馬車に新規則（第三五巻一二三ページ。一八五六・一〇・二）

「申し訳ねえけど、お客さんのクリンナリンは全部屋上席に積むことになってやすんで。」

これは、クリノリンの他人に及ぼす迷惑に力点をおいて描かれた風刺画の一つである。乗合馬車の限られたスペースにクリノリンが乗ってこられたのでは、商売が成り立たない。そこで乗車の際には、御者のいう「クリンナリン」（＝クリノリン）をひとまずはずしてもらって、目的地まで屋上席に積み上げておく、という「新規則」が作られたことを想定している。

NEW OMNIBUS REGULATION.

"'Werry sorry'm, but yer' l 'av to leave yer Krinerline outside."

乗合馬車に新規則

R. レッドグレイヴ「ガヴァネス」

当世の女教師《ガヴァネス》（第四〇巻五二ページ。一八六一・二・二）

ある若い女の先生の考え出したクリノリン活用法！

ガヴァネスは、ヴィクトリア朝にあって、中流階級出身の女性が就き得る唯一の職業であった。しかし、その他位がいかにも不安定であり、生活の保障もなかったために、社会問題として浮上することが多かった。文学の世界ではシャーロット・ブロンテの『ジェイン・エア』（一八四七）のヒロインと、サッカレーの『虚栄の市』（一八四八）のヒロイン、ベッキー・シャープが、ガヴァネスの経歴をもつ女性としてよく知られている。また画家リチャード・レッドグレイヴの描いた「ガヴァネス」(一八四四・前ページ図)も有名である。

一八五〇年代から六〇年代にかけて、『パンチ』もガヴァネス問題に多大の関心を寄せた。しかし、ここに描かれたガヴァネスは、類を異にする。本来なら流行とは縁のないガヴァネスに、クリノリンを着用させているところが、まずユーモラスである。しかも一石二鳥、そこには教材用の世界地図が描き込まれている。子どもたちも、楽しく学べるに違いない。最も非実用的なクリノリンの、見事な活用法の考案である。

THE MODERN GOVERNESS.

A YOUNG LADY'S IDEA OF THE USE OF CRINOLINE!

当世の女教師

クリノリンと大体同時代の流行現象として、『パンチ』は、もう一つ見落とすことのできないものを記録している。海辺休暇がブームを呼ぶにつれて登場した、海水浴場スタイルである。最後に、それらの多くの中から目ぼしいものを二つだけ選んでおくが、それに先だって、当時の海水浴場風景に関する基本的な問題点を要約しておくのが、便利であろう。

(1)　海水浴場は、集まってくる人びとの階級的区別が中和される空間であったから、その分だけリラックス気分を味わうことが可能であった。

(2)　海辺休暇の主目的は、海水浴そのものより、ロマンス、あるいはロマンス・ハンティングであった。したがって、特に女性の衣裳は、何より男性の目をひきつけるようにデザインされていた。

(3)　海辺は、若い女性たちが長い髪をうしろに垂らして、魅力を発揮できる唯一の公の場であった。

(4)　水に入るときは、いわゆる海水浴車《ベイジング・マシン》を借り、その中で着がえなどをする(脱衣場ができるのは、一八七〇年代に入ってからである)。水着は、先に紹介したブルーマーとそっくりであった。

では、海水浴場風景の一こまに目を転じてみよう。

うしろ髪（『パンチ』第三五巻五〇ページ。一八五八・七・三一）

ミス・スタウト「うしろ髪を垂らしたときに一番困るのは、若い男たちにじろじろ見られることだわ！」

注・「スタウト」には肥満体という意味がある。

もちろん、うしろに立っている中年女性がミス・スタウトである。若い女性なみにハットをかぶり、うしろ髪を垂らしてはいるが、彼女が言うほどに「若い男たちにじろじろ見られ」ているのかどうかは分からない。むしろ見てほしい、というのが本音であろう。

次は「南西の強風」（第三七巻一一六ページ。一八五九・九・一七）と題する海辺の風景である。

脚線の見栄えがあまりよくないトムキンズ曰く、「ひどい風で、とんだ日よりですな。」ところが、若い女性たちは、明白な理由により、まさにルンルン気分なのである。

ブリーチズ（半ズボン）にゲートルを制服とする従僕などは、ふくらはぎの部分に詰め物を入れてたくましさを装うほど、男たちが脚線を気にする時代であった。ふくらはぎの詰め物を風刺した漫画が、『パンチ』にはしばしば出てくる。

Miss Stout. "THE WORST OF LETTING ONE'S BACK HAIR DOWN IS, THAT IT MAKES THE YOUNG MEN STARE SO!"

うしろ髪

WIND, S.W. FRESH.

Tomkins, who is not grand in the Leg Department, says "It 's a very disagreeable day." The Young Ladies, however, for obvious reasons, enjoy it amazingly.

南西の強風

ふだんなら、ズボンの陰に隠れていた貧弱な脚線の輪郭が、海辺に吹きつけた「南西の強風」のために、くっきりと映し出されてしまった。それを意識したトムキンズ氏は、きまりが悪いのである。

反対に、ふだんはクリノリンを着けていた女性たちにとっては、今が自慢の脚線美を発揮できる、またとないチャンスなのだ。風が強ければ強いほど、彼女らの脚線はあらわになる。海辺ならではの自由なひとときである。

『パンチ』三〇年の歩み

『パンチ』は世界で最もよく知られた風刺漫画週刊誌であるばかりでなく、創刊以来一五〇年の驚異的長寿を保ったという点でも、特筆に値する。その人気と長寿の秘訣は何であったのか。これを一言で説明することは容易ではないが、ヴィクトリア朝以来のイギリス中流階級の生活感覚とユーモア感覚に最もよく適った雑誌であったことが、考えられよう。

『パンチ』は、政治的権威に対して痛烈な風刺を浴びせることによって、まずヴィクトリア朝の新興中流階級の人気を得るのに成功した。そしてさらに、彼ら特有の社会的体面《レスペクタビリティ》を損ねることなく、安心して家庭に持ちこめる漫画週刊誌としての体質を整えることによって、広い範囲にわたる安定した読者層を獲得するようになったのである。

このようなステータスを獲得するためにはもちろん、ただ笑いを誘い出すだけのものであってはいけない。政治や社会の動きに対して敏感に反応する能力が必要であり、しかもそれらの動向を的確にとらえて、すべての人に納得のゆく、奥の深い笑いを作り出す風刺雑誌でなければならない。このような厳しい諸条件を満たすことによって初めて、『パンチ』は風刺漫画週刊誌でありながら、信頼性を高め、時代と世相を映し出す鏡としての役割を果たすことができたのである。文学や歴史の世界と関連して、独特のリアリティと迫力を備えた生きた証人として、しばしば援用されるゆえんである。

『パンチ』はまた、日本とも決して無縁ではない。一八六二年六月七日号に、「「最高級の黒漆塗《ジャパン・ブラッキング》り！」（日本特命全権公使竹内下野守の日誌に記された英国印象記）」と題して、一ページにわたる実に滑稽な風刺記事が書かれたが、偶然にもそれからひと月あとの七月に、『パンチ』を模した『ジャパン・パンチ』が、チャールズ・ワーグマンによって、横浜で創刊された。また幕末にイギリス留学を経験した野村文夫は、日本版パンチともいうべき『団団《まるまる》珍聞』を、一八七七年（明治一〇）に創刊した。本文庫の一冊として刊行されている清水勲編『ワーグマン日本素描集』の解説にも述べられているように、わが国における『パンチ』の文化史的影響は、少なからぬものがあったのである。今に至るまで、その『パンチ』についての研究はおろか、まともな紹介さえほとんど行なわれていないのが、不思議なくらいである。

『パンチ』は、一八四一年七月一七日付で、ロンドンはジャーナリズム街として知られるフリート・ストリートのクレイン・コートにあるジョゼフ・ラーストの印刷所で呱々《ここ》の声をあげ、ストランドのウェリントン・ストリート一三番地、W・ブライアント出版社から発売された。タテ二九・三センチ、ヨコ二一・〇センチのA４判で、表紙共で一四ページ（中味一二ページ）、

JUNE 7, 1862.] PUNCH, OR THE LONDON CHAR

BEST JAPAN BLACKING!

(*Being impressions de voyage from the journal of* TAKÉ-NO-OUICHI-SKIMOD-ZUKÉ-NO-KAMI, *Japanese Envoy Extraordinary and Minister Plenipotentiary*).

WE are now settled in our new abode, as guests of the British barbarians at the Yamun of Claridge, where the Barbarian Government pays our bills, and give us every facility for studying the institutions of this strange country. In obedience to instructions, we daily record our impressions of these Western barbarians of Great Britain, who differ in many respects from their near neighbours the French, but whom, on the whole, we prefer to their brethren across 'the channel' as the narrow sea which separates the two countries of England and France is called.

"The French appear to us less hopeful subjects for the influences of Eastern civilisation than the British, who are at once humbler in their natures and more imitative in their habits. The French seem to think Paris the centre of the Universe, and are quite satisfied with their country and themselves. The English, on the contrary, appear to take pleasure in nothing so much as in grumbling at their climate, their institutions, their manners, their food and usages. Three-fourths of their

最高級の黒漆塗り！

値段は三ペンスであった。第二巻からは中味一〇ページ構成に変わるが、値段のほうは、一九一七年三月一四日号まで三ペンスのまま据えおかれた。

『パンチ』の生みの親に関しては、いろいろな説や主張があったが、今では当時ユーモア文筆家として売り出し中のヘンリー・メイヒューと、版画家として活躍していたエビネザー・ランデルズの二人であったというのが定説となっている。

もう少し具体的に説明すると、摂政時代《リージェンシー》(一八一一―二〇)に一世を風靡したジェイムズ・ギルレイ、トマス・ローランドソン、ロバートおよびジョージ・クルクシャンクらの露骨で荒っぽい、そして決して上品でない風刺漫画が、もはや過去のものとなり、新興の中流階級向きの、時事性に富んだ面白い定期刊行物が求められていた頃に、ランデルズは、海の彼方のパリで『シャリヴァリ』が人気を集めているのに注目した。パリ在住の画家、シャルル・フィリポンによって一八三二年に創刊された四ページの日刊紙(一八九三年まで続く)である。「シャリヴァリ」というのは、もともと不釣合な結婚や再婚、あるいは姦通を働いた者に向けて、鍋や釜をたたいて馬鹿騒ぎをする風習をさす(詳しくは同文館刊、蔵持不三也著『シャリヴァリ――民衆文化の修辞学――』を参照)が、フィリポンは、これを彼の政治風刺紙の名称として借用したのである。

ランデルズはこれに倣《なら》って、イギリス向きの『シャリヴァリ』の刊行を思いつき、メイヒューと協同で、新コミック雑誌発行の準備に取りかかった。メイヒューの働きかけで、のちに彼の義父となるダグラス・ジェロルドが仲間に加わり、さらにギルバート・ア・ベケット、マーク・レモン、スターリング・コインといった顔ぶれによって執筆陣が組まれることになる。ダグラス・ジェロルドが最年長で、このとき三八歳。ヘンリー・メイヒューとマーク・レモンは、それぞれ二九歳と三一歳、そして全員の平均年齢は三二歳という若さであった。

彼らは挿絵画家としてアーチボールド・ヘニングを誘い、実務面ではジョゼフ・ラーストとW・ブライアントがそれぞれ印刷と出版業務を担当することになって、いよいよ創刊に向けて旗上げということになったのだが、『パンチ』という誌名は、実はその間際まで決まっていなかった。少なくとも発刊の趣意書が起草される段階までは、新登場の週刊誌は *The Funny Dog; or The London Charivari* と命名されることになっていたのである。『パンチ』第一巻の序文(もともとレモンによって起草された「趣意書」であった)を見ると、その末尾に「面白い話に興じる滑稽な犬たち」(Funny Dogs with Comic Tales)というキャプション付きのカットが載っているのは、その名残りである。M・H・スピールマンの『〝パンチ〟の歴史』(一八九五)に収録されている「趣意書」の草稿には、〝Funny〟と書きかけたところを横線で消して、〝Punch〟と書き加えた跡がはっきりと残っている。

どたん場になって誌名が変更になったのは、マーク・レモンが編集陣の中心的存在となった経緯と関係があるようだ。一同が最後の詰めのために集まったとき、談笑中の誰かが、漫画誌には、うまいパンチと同じで、レモンが必要なんだ、と洒落るのを聞いたメイヒューが「そりゃ名案だ！」と乗り出し、そこで『パンチ』という名称が正式に決定した、と一般には伝えられている。だが、アーサー・A・エイドリアン著『マーク・レモン――〝パンチ〟初代編集長』(一九六六)によると、レモン自身は、これを否定し、「パンチとジュディ」(紙芝居に似た人形芝居。夫たるパンチの残忍性を軸に滑稽な筋が展開する)から直接にその名を取ったということである。最初の案よりも「このほうが短くて愛嬌があり、パンチはイギリスの国民的名物の一つでもあって、みんながパンチを愛し、パンチと聞けば足を止めて耳を傾けるから」これを選んだのだと、彼は説明しているのである。

いずれにせよ、長い間にわたって『パンチ』の真の生みの親は誰か、について諸説があったと同じように、その名称の発祥についても異説のあるのが、いかにも『パンチ』らしい。ところで「パンチ」の起源そのものについてもいろいろな説が伝えられているが、それがイタリア語の Pulcinella (道化)に基づくものであることには、異論がなさそうだ。「パンチ」が人形芝居としてロンドンに登場したのは、おそらく一八世紀の初頭。一七〇九年七月二一日付の『タトラー』第四四号をはじめ、一七一一年三月一六日付の『スペクテーター』第一四号などに、パウエルという人物によって「パンチ・ショー」が演じられたという記事が出ている。この長い歴史をもつ大衆娯楽のヒーローの名を定期刊行物に借用するというアイデアも、決して新奇なものではなかった。すでに一八三二年一月一四日に、『パンチ・イン・ロンドン』という週刊誌が創刊され(同年五月四日の第七号をもって廃刊)、しかもダグラス・ジェロルドが、その編集長をつとめたという経緯がある。『パンチ』の創刊に際して、そのジェロルドがリーダー格の一人として加わったという事実に照らして考えれば、『パンチ』という誌名の選択は、それほど驚くべきことでもなかったのである。

ついでにもう一つつけ加えるならば、一八三五年にパリで、英国版シャリヴァリの発刊についての話し合いがなされている。当時パリ滞在中のサッカレーは、前述のシャルル・フィリポンの『シャリヴァリ』に注目し、わけてもその紙面を飾るドーミエやフィリポンの石版風刺画に多大の関心を寄せた。そして、ダグラス・ジェロルドやヘンリー・メイヒューらとともに、大型の風刺画を中心に据えた雑誌の刊行について話し合ったことがある。そののちそれは『ロンドン・シャリヴァリ』発行の計画へと発展したが、財政的なメドが立たなかったために沙汰《さた》止《や》みとなってしまった。結局はさまざまな曲折を経たのちに、ほぼ同じ顔ぶれが集まって『パンチ』を作り出す、ということになったのである。サッカレーは発刊そのものには関与しなかったが、二年目から『パンチ』の立役者の一人として活躍するようになる。

いかなる動機からにせよ、市井の文化財的コミック・キャラクターを誌名に採り入れたのは、賢明であった。以来この雑誌は、背中にとがったこぶをもち、大きな鷲鼻をもった、活気に満ち愛嬌たっぷりの初老の粋な小男「ミスター・パンチ」によって代表されることになり、それこそ国民的人気者として親しまれるようになったのである。

『パンチ』第一巻序によれば、「当ばか笑い誌《ガフオグラフ》の意図するところは、飢えたるウィットの避難所——幾千もの孤児ジョーク——時代おくれの滑稽小話《ジョー・ミラー》——休むべき棚にありつくあてもなくさ迷いながら、死に絶えんとする何百万もの地口《パン》たちのための収容所となることだ！ 本誌はまた、世界中のエスプリ・ユダヤ民族の解放を図り、真理に忠実ならんとして祖国を追われて渡来した異邦人のヨナタン（旧約「サムエル記」上に描かれた英雄。サウルの長子——編者）に国籍を与えるための尽力を惜しまない」とある。すなわち、滑稽、おどけ、ふざけ、駄じゃれ、風刺、皮肉、といったありとあらゆる種類の笑いを売り物にはするが、それらが常に弱きを助けるために、偉ぶっている権力者連中に向けられている点、そして得意の風刺・皮肉が、不正や悪事を槍玉にあげるための武器として用いられる点で、『パンチ』はただの漫画雑誌と本質的に異なるのである。ミスター・パンチが往々にして手にする長い棒は、そういった世直しの気概を象徴する。

ところで『パンチ』創刊の一八四一年は、「飢餓の四〇年代《ハングリー・フォーティーズ》」の始まった年——約六〇年前に導入された蒸気動力によって産業革命が始まって以来、イギリスは最悪の不況に見舞われようとしていた。階級間のあつれきと社会的不安の続く中で、『パンチ』第一号が発行された数週間後に、ホイッグ党のメルボーン内閣が崩壊、ロバート・ピールの率いるトーリー党にその座を譲り渡すことになる。しかもピール内閣時代に「二つの国民」という言葉が作り出されたことに象徴されるように、生活における上下の開きは、広がる一方であった。

このような政治的・社会的状況のもとで、先にあげたような若くて意気軒昂な、階級的安定とはおよそ無縁の面々が、『パンチ』の旗じるしのもとに集まったのであるから、かなり過激な政治批判が出てきたのも、無理のないことであった。わけてもダグラス・ジェロルドが執筆陣の旗頭となり、マーク・レモンが編集長の座についたというのは、注目に値する。旅芸人の息子として生まれ、そして文字どおり自助《セルフ・ヘルプ》の道を歩みながら、当代きっての才人《ウィット》と目されるようになったジェロルドと、八歳のときに父を失い、孤児同然の境遇で早くから人生の辛酸をなめたレモンがコンビを組むようになったということは、おのずから『パンチ』の体質のありようを物語っているようで、甚だ興味深いように思われるからである。

事実、少なくとも創刊後一年のあいだ、『パンチ』はヴィクトリア朝中流階級の規範ともいうべき「礼節」あるいは「尊敬の念」に対して背を向け続けた。『パンチ』最後の、そして歴代の中で最も若年の編集長であったデイヴィス・トマスが、初期の執筆者たちの「笑いの精神には、しばしば小学生にも似た極端な一面があった。最初の頃の『パンチ』には、今日の編集陣でさえも印刷することをはばかるような、激烈な王室攻撃が散見される」(『パンチ』一五〇周年特別記念号)と言って、その歴史をふり返っているのも、一理あることである。

ジェロルドは、〝Q〟(当時風刺家の意味で使われていた“quiz”の略)を名乗って、一八四一年から一八四五年までのあいだに、およそ六七篇の政治風刺記事――いわゆる「Qペイパーズ」――を書いている。『パンチ』には、第一号から「パンチズ・ペンシリングス」と呼ばれる一ページ大の風刺画(のちには「ラージ・カット」、そして一八四三年以降は「カートゥーン」と呼ばれるようになる。本書三六ページ参照)が掲載されたが、「Qペイパーズ」は、その反対(左)側のページに書かれ、事実上論説の体裁をなした。

ジェロルドは「Qペイパーズ」を書く一方で、一八四二年七月から「パンチより息子への手紙」を連載した。一八世紀の貴族、チェスターフィールド伯爵が息子にあてて、身だしなみ、教養、作法、流行等々についての教訓をえんえんと書きつらねた手紙(その数は三九五通!)のパロディである。ジェロルドは引き続き「羽根物語」(一八四三)、「パンチの完全なる手紙の書き手」(一八四四)を連載したが、一八四五年一月から「コードル夫人の寝室のくりごと」を連載(一一月まで)するに至って、彼の人気は最高潮に達した。『パンチ』の売れ行きも飛躍的に高まったということである。

しかし『パンチ』の成功に向けて舵取りの役を果たした一番の功労者は、なんと言っても編集長のマーク・レモンである。あとから述べるように、『パンチ』発足一年後に大きな変動が起こり、これを契機に編集の全責任をレモンが一人で負うことになる。そして六〇歳で世を去る一八七〇年までの二九年間、編集長としての不動の地位を保ち続けたことからも、その力量をうかがい知ることができるのである。

創刊号の巻頭言として掲げるために彼自らが起草した「パンチのモラル」の中でレモンは、「一見おどけた誌名」にもかかわらず、「われわれは、より高遠な目的をもつ」という点を言明し、『パンチ』が「愉快な教訓を目ざした週刊誌」(傍点筆者)であることを標榜した。これはおそらく、当時一般民衆向けに刊行されていた『ペニー・マガジン』や『チェンバーズ・エディンバラ・ジャーナル』といった、まじめ一本の、しかし退屈な週刊誌を意識しての発言であろう。両誌ともすでに一〇年の歴史をもつ有力週刊誌であっただけに、彼が多分に競争を意識したとしても不思議ではない。

では、『パンチ』の売れ行き状況はどうであったのだろうか。

M・H・スピールマンの『〝パンチ〟の歴史』によれば、第一号の印刷部数は五千部、これがたちまちに売れてさらに五千部を増刷、計一万部が売れたということである。宣伝費などを除けばわずか二五ポンドの資金で発足した週刊誌としては、上々のすべり出しであったといえよう。印刷所から上がってきた『パンチ』は、パンチ事務所、各種の書店で発売されたほかに、

Publishing every Saturday, price 3d., and in Monthly Parts,

PUNCH,

Or, THE LONDON CHARIVARI.

A
WEEKLY BUDGET
OF
ORIGINAL
WIT AND WHIM,
CRITICAL, POLITICAL,
AND
SATIRICAL.

WITH NUMERQUS
COMIC
WOODCUTS
BY
LEECH, MEADOWS,
CROWQUILL HINE,
AND OTHER
EMINENT ARTISTS.

NOTICES OF THE PRESS.

街頭での『パンチ』売り

ラッパを吹きならしながら街頭でも売り出された(図版参照)。ただし、この鳴りもの入りの販売法は、一八四五年に法令によって禁止されることになった。

創刊の翌年――一八四二年一二月に、ジョゼフ・ラーストに替わって、出版社ブラッドベリー・アンド・エヴァンズが印刷を引き受けると同時に、その所有権を独占するようになって、『パンチ』は、いわば脱皮の時期を迎えた。そこで起こった変動の第一は、マーク・レモンが単独編集の任務を委嘱されたこと。レモン自身の表現によれば、これによって「編集の中央集権化が成立した」のであった。この成り行きに対して創設の功労者の一人であったメイヒューは大いなる不満をいだき、やがて『パンチ』との関係を絶つことになる。『パンチ』の歴史に、彼の名があまり出てこないのはそのためである。

マーク・レモンが単独で編集の采配を振るうようになってから発生したトラブルは、それだけにとどまらなかった。新顔のサッカレーが登場することにより、あらゆる面で対照的なダグラス・ジェロルドと彼とが正面からぶっつかり合う結果になった。

サッカレーが初めて『パンチ』に登場したのは一八四二年七月、レモンの「編集の中央集権化が成立」する数か月前であったが、彼は頭から作家としてジェロルドと張り合う姿勢をむき出しにしていたようである。そして彼はやがて一八四六年二月から一年間にわたって、かの有名な「イギリスの俗物ども」を『パンチ』に連載することによって、ジェロルドをはるかに凌ぐ名声を獲得することになる。「俗物ども」シリーズの前では、「コードル夫人」も青ざめざるを得なかったようである。

加えて対政治的・社会的姿勢の持ち方においても、二人は真っ向から対立し合っていた。ジェロルドが不正や矛盾を真正面から叩き、暴露しにかかるタイプの人間であるのに対し、サッカレーは、それらに皮肉たっぷりの批判を浴びせるほうを好んだ。ジェロルドの本領が、弱者いじめの社会悪に向かって突進することにあったとするならば、サッカレーは、社会を「虚栄の市」に見立てて、それを彩るさまざまな俗物どものうごめきを冷静に観察し、反省しながら笑いを誘い出す質の作家であった。サッカレーはのちに、ジェロルドのことを「野蛮な小ロベスピエール」と呼んだ。一方ジェロルドは、ディケンズ宛ての手紙(一八四六年一〇月)の中で、「『パンチ』の新方式にはついて行きかねる。世間はそのうちに、このような万事につけてのばか笑いの連続に、きっとあきあきする(少なくともそう願いたい)ことであろう」と言って、「イギリスの俗物ども」を連載中のサッカレーに対する不満をぶちまけた。しかし、一年後にサッカレーは、「昨年ジェロルドと一戦を交えたが、結局私が勝利者となった」と言って、公然と勝利宣言をするようになる。この経緯が、『パンチ』におけるジェロルドの勢力の後退につながったことは、確実である。

このようにして『パンチ』の政治的ラディカリズムは修正され、より穏健な中流階級好みの風刺雑誌へと体質改善が行なわれるのであるが、上述のような対立が決して分裂につながったわけではない。編集長レモンの巧みなリーダーシップによって、執筆陣における気質の違いや思想的あつれきは、「統合の中の多様性」というポジティヴな方向に活かされたのである。レモンは、『パンチ』の周囲に社交の輪を作り出すことを考えた。そのために彼は、毎週水曜日の夕方、全スタッフが「パンチ・テーブル」を囲んで大いに飲み食いをしながら、談笑する中で、編集上の論議ができるような独特の美風を定着させたのである。「パンチ仲間《ブラザーフッド》こそ、世界でも珍しい文学仲間なのだ」と、彼はそれを誇りにしていた(図版参照)。『パンチ』の印刷業者兼所有者のエヴァンズも、『パンチ』成功の秘訣の最たる要因として、このような社交性をあげているが、その伝統は今日まで脈々として受け継がれてきた。一九九一年七月、『パンチ』創刊一五〇周年記念会議が開かれた折に、私もこの由緒あるパンチ・テーブルでの会食に招かれたことがある。なおサッカレーが「マホガニーの木」という歌を作詞して以来、このテーブルは「マホガニー・テーブル」とも称せられるが、実際に使われているのはただの松材であって、マホガニー材ではない。

レモンは社会的状況の変化に敏感で、時に応じて的確な判断と決断力をもって臨むことのできる人であった。一八四三年のクリスマス号に、彼は全スタッフの反対を押し切って、トマ

"THE MAHOGANY TREE."

(By Linley Sambourne. From "Punch's" Jubilee Number, by special permission of Sir William Agnew, Bart., Owner of the original drawing.) (See page 536.)

「マホガニーの木」――パンチ・テーブル

ス・フッドの「シャツの歌」(本書二二ページ以下)の掲載に踏み切った。このおかげで『パンチ』の売り上げが三倍にものびたばかりでなく、文学史的にみてもこれは、『パンチ』の画期的な功績となったのである。

レモンはまた、有能な後継者の抜擢の面においても先見の明があった。彼は『パンチ』のライバル週刊誌『月世界の人《ザ・マン・イン・ザ・ムーン》』の論客として評判の高かったシャーリー・ブルックスを引き抜いて『パンチ』陣営に加えた。約二五年間の補佐役を務めたのち、ブルックスはレモンの後を継ぎ、一八七〇年から一八七四年まで、編集長として辣腕《らつわん》をふるうことになる。一八五五年一月から始まり、およそ二〇年間にわたって国会開催中に『パンチ』に連載された「『パンチ』の国会真髄」は、ブルックスが残した足跡の中でも最も際立ったものであった。国会における議員たちの論戦、あるいは混戦模様を生きいきと伝えているという点で、このシリーズはジャーナリズム界随一の傑作としての折紙がつけられているくらいである。このシリーズは、『パンチ』と政界とのつなぎ役を果たしたという点でも、注目に値する。このあたりから、政治家たちが『パンチ』に漫画化されることによる自己宣伝の効果を感じ始めるようになった。そして政界の大物たちも、『パンチ』誌上で風刺の対象になるのを、むしろ誇りに思い、その機会を望むようになったということである。

『パンチ』誌上で最も頻繁に、そして最も辛辣に風刺された大物政治家といえば、ベコン

LORD BEACONSFIELD IN "PUNCH."

By R. Doyle, J. Leech. J. Tenniel, C. Keene, L. Sambourne, and H. Furniss. Re-drawn by Harry Furniss.)

『パンチ』誌のベコンスフィールド卿

スフィールド伯爵ベンジャミン・ディズレイリーであろう(図版参照)。『パンチ』のおかげで、彼の顔は文字どおり全国的によく売れていたということである。あるとき彼と引き合わされたさる貴婦人は言った。「存じあげてますわ。『パンチ』でお見かけしたんですもの！」ディズレイリーは、彼のことを毎週のように誌上でこきおろしていたジョン・リーチを恨むどころか、個人的な親しみすら感じていたのである。

また自由党のG・J・ゴーシェンという名の政治家は、一八八一年一一月にラグビー校を訪れたときに得意げに宣言した。「私は政治家としてこの上ない最高の望みをかなえた――つまり、『パンチ』にまるまる一人だけのカートゥーンを描かれる身分になったのですから！」

風刺漫画週刊誌としての『パンチ』のために、文《ペン》とともに絵《ペンシル》が大きな役割を果たしていることは言うまでもない。しかし初期の段階では、文の執筆陣に比して画家の存在はさほど重要であったとは言い難く、最初の一二か月が過ぎた時点では、まだ文に見合うような漫画様式も確立するに至っていなかった。

『パンチ』発足当時は、エビネザー・ランデルズとアーチボールド・ヘニングが、それぞれ版画家と画家として表舞台に立っていたのであるが、所有権がブラッドベリー・アンド・エヴァンズに移った頃には、すでに旧世代に属する彼らの出る幕はもはやなくなっていた。代わってジョン・リーチ、リチャード(ディック)・ドイル、そしてもう少しあとからジョン・テニエル、チャールズ・キーンが、絵画部門において『パンチ』の歴史の担い手となるのである。

ジョン・リーチと『パンチ』との関係は、第四号の「パンチズ・ペンシリング。――第四」として描かれた「外国事情」をもって始まる。このときのリーチは二四歳。その後没年の一八六四年一〇月まで二三年間にわたって、彼は三〇〇〇葉を超える漫画(うち七二〇葉はカートゥーン)をもって『パンチ』のページを賑わすことになる。

リチャード・ドイル(HBのイニシアルで知られる政治風刺画家ジョン・ドイルの息子、そしてコナン・ドイルのおじ)は、リーチより一年おくれて一八四三年に一九歳という若さで『パンチ』にデビュー。最初の仕事として、彼は先に述べたトマス・フッドの「シャツの歌」の縁飾りを描いた。が、『パンチ』に対する彼の最大の貢献は、この週刊誌の顔ともいうべき表紙画の決定版を描いたということである。

創刊号の表紙画はヘニングによってデザインされた(三ページ参照)が、これは「パンチとジュディ」ショーの街頭風景として、一九世紀前半のロンドン下層社会の一風物誌としての興味はあるものの、およそ『パンチ』の精神とは無関係である。わずか半年でおろされたというのも、もう少しパンチのきいた、斬新味のある表紙画を必要としたからである。

その後ディケンズの作品の挿絵画家として有名なハブロー・ナイト・ブラウン(〝フィズ〟)

を含めて、次々とこれに挑戦したが、どの画家も半年以上はもたなかった。そういった中でドイルが第五巻(一八四三年七月―一二月)の表紙をデザイン、これがかつてない好評を得て、五年間使われたのち、一八四九年一月にその修正版があらわれ、以後そのデザインが多少の変化を伴いながら、一〇七年間にわたって『パンチ』の表紙として定着するようになった。次ページの図版に見るように、ミスター・パンチと彼の忠犬トビーを中心にして、小枝を模したレタリングと、両側に配置した豊饒の角《コーニユコーピア》、道化師やアクロバットのファンタジーによる縁飾りを施すことによって、『パンチ』の精神に適した、ユーモラスな雰囲気を醸し出すのに成功しているのである。というわけで、漫画雑誌としての『パンチ』を『パンチ』たらしめたのは、ジョン・リーチ、そしてリチャード・ドイルであったといっても過言ではないのである。

だが残念なことに、ドイルはまもなく『パンチ』と袂を分かつことになる。一八五〇年から『パンチ』が過激な反カトリックのキャンペーンをくり返すなかで、カトリック信者であったドイルは、そのための絵を描かされるのに反発を感じたからである。

代わってジョン・テニエルが登場することになる。テニエルといえば、『不思議の国のアリス』の挿絵画家として有名だが、エイサ・ブリッグズの見方によれば、彼は『パンチ』にカートゥーンを描くことによって「彼自身の名声を確立させただけでなく、『パンチ』の名声をも国民的なものとして確立させた」のであった。一九〇一年に『パンチ』から身を引くに至るま

PUNCH'S SIXTH AND LAST WRAPPER, DESIGNED BY RICHARD DOYLE. SECOND DESIGN. JANUARY, 1849.

リチャード・ドイルのデザインによる『パンチ』表紙.
1849 年 1 月に発表された修正版.

での五〇年間に彼が描いたカートゥーンは、なんと一八六〇葉、そして挿絵の数は二三〇〇葉にも達していた。一八八一年、『パンチ』画家としては初めてナイト爵位が贈られ、サー・ジョン・テニエルと呼ばれるようになった。

『パンチ』第六代目の編集長E・V・ノックス(在任期間一九三二—四九)は、テニエルを『パンチ』史上最大の収穫として位置づけたが、R・G・G・プライスも言うように、チャールズ・キーンもまた五〇年代における『パンチ』の一大収穫であった。

キーンが『パンチ』に登場してきたのは一八五一年一二月。最初はむしろ陰に隠れた存在であったが、次第に持前の力量を発揮するようになる。彼の画家としての才能はフランスやドイツでも高く評価され、イギリスにおいてもホイスラーとその仲間たちのあいだでは、ホガース以来のイギリス最大の画家と見なされるほどであった。『パンチ』誌上では、ジョーク——ジョークのなかには、他人から仕入れたのもあれば、自作のものもあった——のイラストレーションを描くのを最も得意とした。キーンは、リーチほどの生来のユーモア感覚の持主ではなかったようだが、一八六四年にリーチが引退してからは、事実上キーンがそのあとを埋めるようになった。

ただ本書は、誕生から三〇年間、すなわちマーク・レモンが編集長時代の『パンチ』を対象とする関係上、これら『パンチ』画家の第二世代の領域に深入りすることはできなかった。もう一人の注目すべき『パンチ』画家、ジョージ・デュ・モーリエについても同様である。

一九九一年七月一二、一三の二日間、ロンドン大学バークベック・カレッジで「『ヴィクトリアン・パンチ』一五〇周年記念会議」が開かれ、若干の海外からの参加者も含めて、約二百名の『パンチ』研究家やファンが集まった。盛大で愉快な会議であっただけに、昨年(一九九二)早々に『パンチ』廃刊のニュースに接したときには、とうてい信じられない気持ちであった。が、財政的負担に堪えるのがもはや限界にきたらしく、世界一の長寿を誇っていた『パンチ』も、ついに一九九二年四月八日号をもって、"THE END"を宣言せざるを得なくなった。

その最終号を手にしたのが、ちょうどこの解説文の起稿に取りかかろうとしていた矢先であったというのも、奇妙な偶然である。はからずも『パンチ』のための「イン・メモリアム」となることを念じながら、この日本語版アンソロジーを編んだしだいである。

一九九三年八月

松村昌家

『パンチ』素描集《そびようしゅう》

1994年1月17日　第1刷発行
2024年7月26日　第10刷発行

編　者　松村昌家《まつむらまさいえ》

発行者　坂本政謙

発行所　株式会社 岩波書店
〒101-8002 東京都千代田区一ツ橋2-5-5

案内 03-5210-4000　営業部 03-5210-4111
文庫編集部 03-5210-4051
https://www.iwanami.co.jp/
印刷・理想社　カバー・精興社　製本・中永製本

ISBN 978-4-00-335631-9　Printed in Japan

読書子に寄す

——岩波文庫発刊に際して——

岩波茂雄

真理は万人によって求められることを自ら欲し、芸術は万人によって愛されることを自ら望む。かつては民を愚昧ならしめるために学芸が最も狭き堂宇に閉鎖されたことがあった。今や知識と美とを特権階級の独占より奪い返すことはつねに進取的なる民衆の切実なる要求である。岩波文庫はこの要求に応じそれに励まされて生まれた。それは生命ある不朽の書を少数者の書斎と研究室とより解放して街頭にくまなく立たしめ民衆に伍せしめるであろう。近時大量生産予約出版の流行を見る。その広告宣伝の狂態はしばらくおくも、後代にのこすと誇称する全集がその編集に万全の用意をなしたるか。千古の典籍の翻訳企図に敬虔の態度を欠かざりしか。さらに分売を許さず読者を繋縛して数十冊を強うるがごとき、はたしてその揚言する学芸解放のゆえんなりや。吾人は天下の名士の声に和してこれを推挙するに躊躇するものである。このときにあたって、岩波書店は自己の責務のいよいよ重大なるを思い、従来の方針の徹底を期するため、すでに十数年以前より志して来た計画を慎重審議この際断然実行することにした。吾人は範をかのレクラム文庫にとり、古今東西にわたって文芸・哲学・社会科学・自然科学等種類のいかんを問わず、いやしくも万人の必読すべき真に古典的価値ある書をきわめて簡易なる形式において逐次刊行し、あらゆる人間に須要なる生活向上の資料、生活批判の原理を提供せんと欲する。この文庫は予約出版の方法を排したるがゆえに、読者は自己の欲する時に自己の欲する書物を各個に自由に選択することができる。携帯に便にして価格の低きを最主とするがゆえに、外観を顧みざるも内容に至っては厳選最も力を尽くし、従来の岩波出版物の特色をますます発揮せしめようとする。この計画たるや世間の一時の投機的なるものと異なり、永遠の事業として吾人は微力を傾倒し、あらゆる犠牲を忍んで今後永久に継続発展せしめ、もって文庫の使命を遺憾なく果たさしめることを期する。芸術を愛し知識を求むる士の自ら進んでこの挙に参加し、希望と忠言とを寄せられることは吾人の熱望するところである。その性質上経済的には最も困難多きこの事業にあえて当たらんとする吾人の志を諒として、その達成のため世の読書子とのうるわしき共同を期待する。

昭和二年七月

《東洋文学》〔赤〕

楚辞　小南一郎訳注
杜甫詩選　黒川洋一編
李白詩選　松浦友久編訳
唐詩選 全三冊　前野直彬注解
完訳 三国志 全八冊　小川環樹・金田純一郎訳
西遊記 全十冊　中野美代子訳
菜根譚　洪自誠／今井宇三郎訳注
魯迅評論集　竹内好編訳
阿Q正伝・狂人日記 他十二篇（吶喊）　魯迅／竹内好訳
歴史小品　郭沫若／平岡武夫訳
家 全二冊　巴金／飯塚朗訳
新編 中国名詩選 全三冊　川合康三編訳
唐宋伝奇集 全二冊　今村与志雄訳
聊斎志異 全二冊　蒲松齢／立間祥介編訳
李商隠詩選　川合康三選訳
白楽天詩選 全二冊　川合康三訳注
文選 全六冊　川合康三・富永一登・釜谷武志・和田英信・浅見洋二・緑川英樹訳注
曹操・曹丕・曹植詩文選　川合康三編訳
ケサル王物語―チベットの英雄叙事詩　アレクサンドラ・ダヴィッド＝ネール／アプル・ユンテン／富樫瓔子訳
バガヴァッド・ギーター　上村勝彦訳
ダライ・ラマ六世恋愛詩集　今枝由郎・海老原志穂編訳
朝鮮童謡選　金素雲訳編
朝鮮短篇小説選 全二冊　大村益夫・長璋吉・三枝壽勝編訳
尹東柱詩集 空と風と星と詩　金時鐘編訳
アイヌ神謡集　知里幸惠編訳
アイヌ民譚集 付 えぞおばけ列伝　知里真志保編訳
アイヌ叙事詩 ユーカラ　金田一京助採集並ニ訳

《ギリシア・ラテン文学》〔赤〕

ホメロス イリアス 全二冊　松平千秋訳
ホメロス オデュッセイア 全二冊　松平千秋訳
イソップ寓話集　中務哲郎訳
アイスキュロス アガメムノーン　久保正彰訳
アイスキュロス 縛られたプロメーテウス　呉茂一訳
アンティゴネー　ソポクレース／中務哲郎訳
ソポクレス オイディプス王　藤沢令夫訳
ソポクレス コロノスのオイディプス　ソポクレス／高津春繁訳
バッカイ―バッコスに憑かれた女たち　エウリーピデース／逸身喜一郎訳
ヘシオドス 神統記　廣川洋一訳
女の議会　アリストパネース／村川堅太郎訳
アポロドーロス ギリシア神話　高津春繁訳
ダフニスとクロエー　ロンゴス／松平千秋訳
ギリシア・ローマ抒情詩選―花冠　呉茂一訳
オウィディウス 変身物語 全二冊　中村善也訳
ギリシア・ローマ神話 付 インド・北欧神話　ブルフィンチ／野上弥生子訳
ギリシア・ローマ名言集　柳沼重剛編

《南北ヨーロッパ他文学》〔赤〕

ダンテ 新生 山川丙三郎訳
夢のなかの夢 タブッキ 和田忠彦訳
カヴァレリーア・ルスティカーナ 他十一篇 G・ヴェルガ 河島英昭訳
カルヴィーノ イタリア民話集 全二冊 河島英昭編訳
むずかしい愛 カルヴィーノ 和田忠彦訳
パロマー カルヴィーノ 和田忠彦訳
カルヴィーノ アメリカ講義 —新たな千年紀のための六つのメモ 米川良夫・和田忠彦訳
まっぷたつの子爵 カルヴィーノ 河島英昭訳
魔法の庭・空を見上げる部族 他十四篇 カルヴィーノ 和田忠彦訳
ペトラルカ ルネサンス書簡集 近藤恒一編訳
ペトラルカ 無知について 近藤恒一訳
美しい夏 パヴェーゼ 河島英昭訳
流刑 パヴェーゼ 河島英昭訳
祭の夜 パヴェーゼ 河島英昭訳
月と篝火 パヴェーゼ 河島英昭訳
ウンベルト・エーコ 小説の森散策 和田忠彦訳

バウドリーノ 全二冊 ウンベルト・エーコ 堤康徳訳
タタール人の砂漠 ブッツァーティ 脇功訳
ラサリーリョ・デ・トルメスの生涯 会田由訳
ドン・キホーテ 前篇 全三冊 セルバンテス 牛島信明訳
ドン・キホーテ 後篇 全三冊 セルバンテス 牛島信明訳
娘たちの空返事 他一篇 モラティン 佐竹謙一訳
プラテーロとわたし J・R・ヒメーネス 長南実訳
オルメードの騎士 ロペ・デ・ベガ 長南実訳
セビーリャの色事師と石の招客 他一篇 ティルソ・デ・モリーナ 佐竹謙一訳
ティラン・ロ・ブラン 全四冊 J・マルトゥレイ M・J・ダ・ガルバ 田澤耕訳
ダイヤモンド広場 マルセー・ルドゥレダ 田澤耕訳
完訳 アンデルセン童話集 全七冊 大畑末吉訳
即興詩人 全二冊 アンデルセン 大畑末吉訳
アンデルセン自伝 大畑末吉訳
ここに薔薇ありせば 他五篇 ヤコブセン 矢崎源九郎訳
フィンランド叙事詩 カレワラ 全二冊 リョンロット編 小泉保訳
王の没落 イェンセン 長島要一訳

イプセン 人形の家 原千代海訳
イプセン 野鴨 原千代海訳
令嬢ユリェ ストリントベルク 茅野蕭々訳
アミエルの日記 全四冊 河野与一訳
クオ・ワディス 全三冊 シェンキェーヴィチ 木村彰一訳
山椒魚戦争 カレル・チャペック 栗栖継訳
ロボット (R・U・R) チャペック 千野栄一訳
白い病 カレル・チャペック 阿部賢一訳
マクロプロスの処方箋 カレル・チャペック 阿部賢一訳
灰とダイヤモンド 全二冊 アンジェイエフスキ 川上洸訳
牛乳屋テヴィエ ショレム・アレイヘム 西成彦訳
完訳 千一夜物語 全十三冊 豊島与志雄・渡辺一夫・佐藤正彰・岡部正孝訳
ルバイヤート オマル・ハイヤーム 小川亮作訳
ゴレスターン サアディー 沢英三訳
王書 —古代ペルシャの神話・伝説 フェルドウスィー 岡田恵美子訳
中世騎士物語 ブルフィンチ 野上弥生子訳
コルタサル短篇集 悪魔の涎・追い求める男 他八篇 木村榮一訳

遊戯の終わり　コルタサル　木村榮一訳
秘密の武器　コルタサル　木村榮一訳
ペドロ・パラモ　ファン・ルルフォ　杉山晃・増田義郎訳
燃える平原　ファン・ルルフォ　杉山晃訳
伝奇集　J・L・ボルヘス　鼓直訳
創造者　J・L・ボルヘス　鼓直訳
続審問　J・L・ボルヘス　中村健二訳
七つの夜　J・L・ボルヘス　野谷文昭訳
詩という仕事について　J・L・ボルヘス　鼓直訳
汚辱の世界史　J・L・ボルヘス　中村健二訳
ブロディーの報告書　J・L・ボルヘス　鼓直訳
アレフ　J・L・ボルヘス　鼓直訳
語るボルヘス　―書物・不死性・時間ほか　J・L・ボルヘス　木村榮一訳
20世紀ラテンアメリカ短篇選　野谷文昭編訳
フエンテス短篇集　アウラ・純な魂 他四篇　木村榮一訳
アルテミオ・クルスの死　フエンテス　木村榮一訳
緑の家　全二冊　バルガス＝リョサ　木村榮一訳

密林の語り部　バルガス＝リョサ　西村英一郎訳
ラ・カテドラルでの対話　バルガス＝リョサ　旦敬介訳
弓と竪琴　オクタビオ・パス　牛島信明訳
ラテンアメリカ民話集　三原幸久編訳
やし酒飲み　エイモス・チュツオーラ　土屋哲訳
薬草まじない　エイモス・チュツオーラ　土屋哲訳
マイケル・K　J・M・クッツェー　くぼたのぞみ訳
ミゲル・ストリート　V・S・ナイポール　小沢自然・小野正嗣訳
キリストはエボリで止まった　カルロ・レーヴィ　竹山博英訳
クァジーモド全詩集　河島英昭訳
ウンガレッティ全詩集　河島英昭訳
クオーレ　デ・アミーチス　和田忠彦訳
ゼーノの意識　全二冊　ズヴェーヴォ　堤康徳訳
冗談　ミラン・クンデラ　西永良成訳
小説の技法　ミラン・クンデラ　西永良成訳
世界イディッシュ短篇選　西成彦編訳
シェフチェンコ詩集　藤井悦子編訳

《ロシア文学》〔赤〕

オネーギン　プーシキン　池田健太郎訳
スペードの女王・ベールキン物語　プーシキン　神西清訳
狂人日記 他二篇　ゴーゴリ　横田瑞穂訳
外套・鼻　ゴーゴリ　平井肇訳
日本渡航記 —フレガート「パルラダ」号より　ゴンチャロフ　井上満訳
貧しき人々　ドストイェフスキイ　原久一郎訳
二重人格　ドストエフスキー　小沼文彦訳
罪と罰 全三冊　ドストエフスキー　江川卓訳
白痴 全二冊　ドストエーフスキイ　米川正夫訳
カラマーゾフの兄弟 全四冊　ドストエーフスキイ　米川正夫訳
幼年時代　トルストイ　藤沼貴訳
戦争と平和 全六冊　トルストイ　藤沼貴訳
トルストイ民話集 人はなんで生きるか 他四篇　中村白葉訳
トルストイ民話集 イワンのばか 他八篇　中村白葉訳
イワン・イリッチの死　トルストイ　米川正夫訳
復活 全二冊　トルストイ　藤沼貴訳

人生論　トルストイ　中村融訳
かもめ　チェーホフ　浦雅春訳
ワーニャおじさん　チェーホフ　小野理子訳
桜の園　チェーホフ　小野理子訳
チェーホフ 妻への手紙 全二冊　湯浅芳子訳
ゴーリキー短篇集　上田進・横田瑞穂訳編
どん底　ゴーリキイ　中村白葉訳
ソルジェニーツィン短篇集　木村浩編訳
アファナーシエフ ロシア民話集 全二冊　中村喜和編訳
われら　ザミャーチン　川端香男里訳
プラトーノフ作品集　原卓也訳
悪魔物語・運命の卵　ブルガーコフ　水野忠夫訳
巨匠とマルガリータ 全二冊　ブルガーコフ　水野忠夫訳

《歴史・地理》〔青〕

第二のデモクラテス
戦争の正当原因についての対話
セプールベダ
染田秀藤訳

ユグルタ戦争 カティリーナの陰謀
サルスティウス
栗田伸子訳

史的システムとしての資本主義
ウォーラーステイン
川北稔訳

岩波文庫の最新刊

カント著／大橋容一郎訳

道徳形而上学の基礎づけ

カント哲学の導入にして近代倫理の基本書。人間の道徳性や善悪、正義と意志、義務と自由、人格と尊厳などを考える上で必須の手引きである。新訳。

〔青六二五-一〕 **定価八五八円**

カント著／宮村悠介訳

人倫の形而上学

第二部　徳論の形而上学的原理

カント最晩年の、「自由」の「体系」をめぐる大著の新訳。第二部では「道徳性」を主題とする。『人倫の形而上学』全体に関する充実した解説も付す。（全二冊）

〔青六二六-五〕 **定価一二七六円**

高浜虚子著／岸本尚毅編

新編 虚子自伝

高浜虚子（一八七四―一九五九）の自伝。青壮年時代の活動、郷里、子規や漱石との交遊歴を語り掛けるように回想する。近代俳句の巨人の素顔にふれる。

〔緑二八-一二〕 **定価一〇〇一円**

末永高康訳注

孝経・曾子

『孝経』は孔子がその高弟曾子《そうし》に「孝」を説いた書。儒家の経典の一つとして、『論語』とともに長く読み継がれた。曾子学派による師の語録『曾子』を併収。

〔青二一一-一〕 **定価九三五円**

……今月の重版再開……

久保田淳校注

千載和歌集

〔黄一三二-一〕 **定価一三五三円**

南原繁著

国家と宗教

―ヨーロッパ精神史の研究―

〔青一六七-二〕 **定価一三五三円**

定価は消費税10％込です　2024.4

岩波文庫の最新刊

ゲルツェン著／金子幸彦・長縄光男訳

過去と思索(一)

人間の自由と尊厳の旗を掲げてロシアから西欧へと駆け抜けたゲルツェン(一八一二―一八七〇)。亡命者の壮烈な人生の幕が今開く。自伝文学の最高峰。(全七冊)

〔青N六一〇-二〕 **定価一五〇七円**

ゲルツェン著／金子幸彦・長縄光男訳

過去と思索(二)

逮捕されたゲルツェンは、五年にわたる流刑生活を余儀なくされた。「シベリアは新しい国だ。独特なアメリカだ」。二十代の青年は何を経験したのか。(全七冊)

〔青N六一〇-三〕 **定価一五〇七円**

復本一郎編

正岡子規スケッチ帖

子規の絵は味わいある描きぶりの奥に気魄が宿る。最晩年に描かれた画帖『菓物帖』『草花帖』『玩具帖』をフルカラーで収録する。子規の画論を併載。

〔緑一三-一四〕 **定価九二四円**

ハインリヒ・マン作／今井 敦訳

ウンラート教授

あるいは一暴君の末路

酒場の歌姫の虜となり転落してゆく「ウンラート(汚物)教授」を通して、帝国社会を諧謔的に描き出す。マレーネ・ディートリヒ出演の映画『嘆きの天使』原作。

〔赤四七四-一〕 **定価一二二一円**

……今月の重版再開……

揖斐 高訳注

頼山陽詩選

〔黄二三一-五〕 **定価一一五五円**

魯迅作／竹内 好訳

野草

〔赤二五-一〕 **定価五五〇円**